JN410036

내 마음의 페치카에서

김형애 수필집

교음사

머리말

문학의 열정을 되살리며

눈 속에 오랫동안 묻혀 있던 것들이 햇볕을 받아 눈이 녹아내리면 그 모습을 나타내듯이, 내 마음의 페치카에서 타고 있던 이야기들을 끄집어내어 한 권의 책으로 묶었습니다.

페치카에서 이미 재가 되어 날아간 시간들을 엮지 못하여 아쉬움이 남습니다. 언젠가는 그들을 좇아 퇴색한 모습이나마 잡으려고 합니다.

문학을 품은 삶이 오래 이어졌건만, 그 변두리만 거닐다가 이제 작은 수확으로 한 권의 수필집을 펴게 되었습니다.

시작을 위하여 지도해 주셨던 박목월 선생님, 소설을 지도해 주셨던 안수길 선생님께도 이제야 감사를 드립니다. 선생님들의 조언과 격려가 문학에 대한 열정을 저버리지 않게 하였음을 고백합니다. 살아계실 때에 더욱 가까이 하지 못하였음을 죄송스럽게 생각합니다.

영문학을 전공하면서 우리 문학을 등한시한 것도 큰 잘못이었습니다. 우리 문학을 좀 더 깊이 있게 공부했어야 했는데 뒤늦게 깨닫게 되었습니다. 우리 문인들의 작품을 더욱 열심히 탐독하여 나의 삶을 살찌우겠습니다.

나를 송두리째 내어 보이는 것 같아 부끄럽고 죄송스런 마음입니다. 여기에 실은 작품들은 그 동안 기회가 주어졌을 때 한편씩 쓴 글들입니다. 보시는 분들께서 흠은 지우시고 완성하여 주시기를 바랍니다.

월간 『수필문학』에 천료 등단까지 이끌어주신 오경자 교수님, 등단 천료와 작품 활동을 지도해 주신 강석호 회장님과 교정을 봐 주신 이자야 편집장님 그리고 목요수필반 문우들께도 감사를 드립니다.

내 마음의 페치카에 불을 댕길 수 있는, 사랑하는 가족 주심을 하나님께 깊이 감사를 드리며 나도 다른 분들의 페치카에 불을 댕길 수 있기를 기원합니다.

2009년 2월

저자 김형애

김형애 수필집

내 마음의 페치카에서

1 한 줌의 행복

2 자갈밭에 핀 국화

3 덕유산의 향기

4 코리안 드림을 접게 된 이방인

5 휠체어를 타고 춤을

1

한 줌의 행복

마음은 반대하지요

양도경(손자)

밥 먹는 시간
철수도 시금치에게 쫓겨서
도망갔지요.

동민이도 국 괴물이 쫓아와서
도망갔지요.

나도 도망갈까 말까
그래! 도망가는 거야!
하지만 마음은 반대하지요.

단 추

나도 사회 조직원의 한 사람으로서 그 전체를 살려 내는 역할을 하고 있는가? 아니면 저해를 주는 장애물이 되고 있는가?

마치 옷의 질과 분위기를 돋보이게 하거나 떨어트리는 역할을 하는 단추처럼 말이다.

투피스의 재킷에 금속 단추 하나가 떨어져 나갔다. 그 옷은 재킷, 스커트 그리고 반바지로 된 한 벌의 맞춤옷이었다. 재킷과 스커트보다는 재킷과 반바지로 스포티하게 입는 것이 좋았다. 반바지라고 하지만, 무릎 위까지 길이가 내려오므로 어느 모임에 가든지 그리 흉 될 것이 없었다. 특히 재킷의 왼쪽 상단에 행커치프를 멋스럽게 꽂으면, 그런 대로 봐줄 만한 옷이었다.

어느 날 외출에서 돌아와 옷을 벗어 옷걸이에 걸려는 순간, 단추 하나가 없는 것을 발견했다. 앞면에 금색 단추가 2개 있었고, 소매 끝부분에 동일한 단추가 작은 것으로 왼쪽, 오른쪽에 각각 하나씩 달려 있었다. 헌데 앞면에 두 개의 단추 중 아랫것이 떨어져 나갔다. 주인 잃은 실밥이 흐느적거리며 매달려 있었다.

아무리 생각해도 떨어질 만한 장소가 생각나지 않았다. 결국 단추를 찾는다는 생각은 포기하고 옷을 털어서 옷장 안에 넣었다.

2주쯤 지났을까, 잃어버린 단추 생각이 나서 남대문 단추 가게를 찾았다. 단추 가게를 다 돌았으나, 동일한 것을 찾을 수 없었다. 할 수 없이 비슷한 크기의 무늬와 금색을 띤 단추 두개를 사고, 양 소매에 달 작은 것도 두 개 샀다. 옷에 있는 단추를 다 바꿀 생각이었다.

집에 돌아와 외출옷을 훌훌 벗어 던지고, 옷장에서 그 문제의 재킷을 꺼냈다. 달려 있는 단추를 다 떼어냈다. 새것으로 짝을 맞추기 위하여. 먼저 앞자락에 있는 단추를 두 개 달았고, 그 후 양 소매에 하나씩 달았다.

작업이 끝난 후 옷을 입고 거울 앞에 섰다. 옷은 옛날의 흡족함을 나에게 주지 못했다. 그 후 그 옷을 볼 적마다 잃은 단추 생각이 났다.

단추는 옷감의 질과 디자인, 색상에 맞춰 단다. 천이 얇은 것에는 가벼운 것을 달되, 반드시 속에 밑단추를 달아야 하며, 두꺼운 천에 다는 단추는 옷감과 단추가 틈이 나게 단 후 그 사이에 실을 여러 번 돌려서 조인 후 마무리를 한다.

그러나 이러한 기술적인 것보다는, 옷의 멋스러움을 나타내려면 역시 옷의 색상과 질감, 디자인에 맞는 단추를 달아야 한다고 생각된다. 아무리 좋은 옷감, 훌륭한 디자인이라도, 그것을 돋보이게 하는 단추를 잘못 달면 옷감의 질도 멋진 디자인도 사장된다.

옷에 조화를 이루어 더욱 멋스러움과 품위를 살리는 단추, 비록 하나의 소품에 지나지 않는 작은 단추이지만 단추의 역할이 얼마나 소중한지를 알게 되었다.

나도 사회 조직원의 한 사람으로서 그 전체를 살려 내는 역할을 하고 있는가? 아니면 저해를 주는 장애물이 되고 있는가?

마치 옷의 질과 분위기를 돋보이게 하거나 떨어트리는 역할을 하는 단추처럼 말이다. (2003)

달과 달맞이꽃

내년에 구순(九旬)에 이르는 이화백의 또 다른 전시회를 기대하여 본다.

한 장의 초대장을 받아 들고 조선일보 미술관을 찾았다.

전시실 안에 들어서자 베레모를 쓴 이규호 화백이 손님을 맞고 있다.

이번 전시회는 그의 미수전(米壽展)이라 특별한 의미가 있어 보인다. 작년에 그는 건강하게 미수의 복을 누리며 기념전을 준비하였으나 사정으로 인하여 해를 넘기고 이봄에 열게 된 것이다.

30여년을 달맞이꽃만을 화폭에 담은 국내와 세계에 유일한 화가이다.

전시실에는 온통 달과 달맞이꽃의 그림으로 채워져 있다.

보름달이나 초승달에 달맞이꽃의 이미지를 거의 추상적으로 표현하였다.

보름달이 화폭 중앙에 떠있고 그 가운데에 직사각형의 모형을 크거나 작게 또는 만월에 반월이나 초승달을 기하학적으로 그려 넣은 것이며, 그 아래에 달맞이꽃을 갈색, 노랑, 초록색, 붉은색을 칠한 것도 보였다.

「달맞이꽃 여인」이라는 표제가 붙은 그림에는 여인의 나체 앞에 노란색의 달맞이꽃이 무리 지어 피어 있다. 이도 역시 직사각형으로 표현되었다.

1984년과 2002년에 완성한 두 작품에서만 보름달 안에 달맞이꽃의 줄기와 잎을 볼 수 있었다.

달맞이꽃은 초저녁 달이 뜰 무렵을 기다렸다가 달과 어울리게 노랑 빛으로 조용히 피는 꽃이어서 달맞이 꽃이라는 이름이 붙어졌다. 전국의 야산 기슭이나 논밭의 들길머리에 자생하며 여름내 피운다.

이 야생화의 꽃말은 '기다림'이다. 달이 뜰 때를 기다리다가 피어서 달과 함께 밤을 지새우다가, 달이 기우는 새벽에 시든다.

퍽 로맨틱한 꽃이다. 어둠 속에 높이 떠 있는 달을 사랑하여 그 빛만을 바라보다가 새벽에 지쳐 꽃잎을 닫는 애잔함이 있다.

이규호 화백의 예술성도 달맞이꽃의 이러한 애잔함이 깃든 자연의 순수성에 있지 않을까 한다.

내년에 구순(九旬)에 이르는 이화백의 또 다른 전시회를 기대하여 본다.

여전히 그의 화폭에는 달과 달맞이꽃이 그려지고 그들은 애상(哀想)을 북돋워 주리라. (2008. 3)

기다림

우리의 삶은 기다림 그 자체가 아닌가! 무엇인가를 기대하며 기다리는 순간은 행복하다. 비록 그 결과가 절망을 가져다 줄 지라도. 절망을 희망으로 바꿔 다시 기다리는 우리의 삶은 아름답지 않은가!

가끔 집 근처에 있는 초등학교 운동장으로 아침 운동을 나간다. 이른 시간임에도 많은 사람들이 앞 다퉈 가며 운동장 주위를 열심히 걷고 있다.

그 무리에 끼여서 십여 바퀴를 돌고 나면, 얼굴과 등에서는 땀방울이 흐른다.

1월이니 아직 쌀쌀한 바람이 볼을 시리게 한다. 운동장 주위에 심어져 있는 나무들은 나목이 되어, 바람이 불 때마다 신음하며 몸을 휘젓고 있다. 운동장 한 편에, 각 반의 표시를 쓴 팻말이 여기 저기 꽂혀있다. 아마도 지난봄에 각 반에서 꽃씨를 뿌리고 가꾸던 자리인 것 같다. 말라빠진 줄기는 팻말에 의지하여 겨우 서 있고, 퇴색한 잎들은 땅위에 어지럽게 흩어져 뒹굴고 있다.

이때쯤이면 어김없이 들려오는 종소리가 있다. 그 소리에 산 속에 흩어져 있던 비둘기와, 마을을 배회하던 비둘기까지도 있는 힘을 다하여 종소리가 나는 곳으로 모여든다. 대머리에 흰 머리카락을 몇 올 올린 노인 한 분이 마대에서 무엇인가를 꺼내어 모래 위에 뿌리고 있는 모습이 보인다. 수십 마리의 비둘기들은 노인의 주위를 맴돌다가 사뿐히 내려 앉아 모이를 주워 먹기 시작한다.

오늘도 노인은 종을 치고 있다. 헌데 웬일일까? 비둘기는 한 마리도 보이지 않는다. 어제와 그저께 노인이 종을 치지 않아도, 비둘기 떼는 그 시간대에 날아와서 등나무 위와 모래 위를 배회하고 있었는데! 어제 노인은 오지 않았다. 그저께도 비둘기들은 기억되는 시간에 와서 배회하고 있었건만, 노인의 모습은 보이지 않았다. 비둘기들은 그렇게 이틀을 허탕치고 말았다.

인간사에 있는 삼세번을 그들은 모르는가 보다.

1960년대 초 우리나라는 휴대폰은 물론 각 가정에 전화도 없는 집이 태반이었다. 젊은이들이 만나려면 자기의 마음을 담은 편지에 만날 장소와 시간을 적어 보냈다.

J라는 친구는 오랫동안 사귀어 오던 남자친구에게 월요일 자정 너머까지 정성스럽게 쓴 편지를 화요일에 보냈다. 그들이 전 주에 만났을 때, 다음 주는 단풍을 보러 가는 것이 좋겠다고 하였기 때문이다.

일요일 아침 9시 M다방에서 그녀는 준비한 2인분의 도시락과

물통이 들어 있는 작은 가방을 바라보며, 그날의 데이트를 행복한 마음으로 기다렸다. 그런데 웬일인지 10시가 지나고, 12시가 지나도 남자친구는 나타나지 않았다. 오후 3시가 다 되도록 기다리면서, 다방의 메모판을 샅샅이 훑어보았으나, 그의 글은 꽂혀 있지 않았다. 온갖 불길한 예감을 갖고, 그녀는 허탈하게 집으로 돌아와서 누워버렸다. 기다림의 시간은 그녀의 모든 에너지를 태워 재가 된 듯했다.

그 다음 주 그녀는 남자친구의 편지를 받았다. 그는 일요일 9시부터 M다방에서 석양이 질 때까지 몸부림치며 기다렸다는 것이다. 그들의 엇갈린 기다림은 장소가 다른 곳에 있는 같은 이름의 M다방 때문이었다. 이 일로 인하여 둘 사이는 오해의 계곡이 흘렀으나, 겨울의 문턱에서 사랑의 온기를 되찾게 되었다.

우리의 삶은 기다림 그 자체가 아닌가! 무엇인가를 기대하며 기다리는 순간은 행복하다. 비록 그 결과가 절망을 가져다 줄 지라도. 절망을 희망으로 바꿔 다시 기다리는 우리의 삶은 아름답지 않은가! 기다림은 인내가 있어야만 가능하다. 참음의 밧줄을 꼭 잡고 기다림은 함께 간다.

우리 선친들의 삶은 인내와 기다림만으로도 존경받아야 한다. 모든 고난을 인내의 보자기에 넣고, 기다림으로 늘 살지 않았는가.

이혼율이 놀랄 만큼 높아가고 있다. 요즈음 젊은 세대들은 사소한 말다툼으로도 감정이 격하여 쉽게 이혼을 결정한다. 신혼여행에서 돌아올 때 비행기를 따로 타고 오는 이들조차 있으니, 그들에게 인내라는 단어는 먼 옛 이야기인가 보다. 가정의 파탄으로 인하여 버려지는 새싹들이 이곳저곳을 방황하다가, 해외로 입양되는 것을 보며 안타까운 마음이 든다.

2002년에 뉴욕에서 열렸던 'International Fellowship Day'에 참석한 일이 있다. 11월 셋째 주 토요일에 한식 레스토랑인 '금강산'에서 행사가 개최되었다. 밖에는 스산한 바람이 불고, 낙엽이 된 잎들은 포도 위를 뒹굴었지만, 금강산 안은 훈훈한 인간애로 가득 찼다.

행사에 초청된 분들은 우리나라에서 미국으로 입양된 어린이들과 그들의 양부모, 또한 입양되어 성장해서 가정을 이룬 분들이나 성인이 된 분들이었다. 우리의 전통과 말을 잘 모르는 그들에게 우리나라를 알려서 그들의 뿌리를 알게 하고 양부모들이 자녀를 이해하는데 도움을 주며, 입양아들을 위로하기 위한 잔치였다.

그 행사에서 가장 마음이 저리고 아팠던 것은, 입양되어 크게 성공한 C씨의 체험담이었다. 지금은 워싱턴 DC에서 외과의사로 일하고 계신 분이다. 그녀는 자신의 어린 시절을 돌아보며 이야기를 할 때, 수시로 목이 메여 말을 잇지 못했고, 눈물을 수없이 흘렸다. 한국말도 못했고 영어도 못했으므로 그녀는 한국인 그룹에서도, 미국인 그룹에서도 소외될 수밖에 없었다.

말이 통하지 않으므로 어느 곳에 가든지 눈치로 알아차리고 행동을 해야 했다. 눈치가 적중되면 그나마 다행이지만 그것이 빗나갈 때, 주위 사람들은 키득거리며 조롱하였으므로 몸 둘 바를 몰랐다. 그런 환경을 그녀는 무한한 인내로 극복했노라고 했다. 그녀의 참음은 기다림의 영양소가 되어 실한 열매를 맺게 되었다.

노인은 계속 종을 치고 있다. 노인의 잿빛 눈망울이 허허로운 마음을 담아 창공에 걸려 있고 비둘기의 울음소리가 귓가에 맴돌고 있다. 노인의 깡마른 손에는 비둘기의 먹이를 막 쏟아 놓은 빈 마대만이 길게 늘어져 있다. 노인은 내일도 종을 치리라.

앵두꽃의 수난

예수님의 어머니가 아들의 그 처절한 모습을 바라보며, 뒤쫓아 가면서 고통 가운데 흐느끼는 비통함. 이 모든 것들은 가슴을 장작 패듯이 쪼개며, 솟구치는 눈물로 얼굴을 젖게 했다.

지난주 초부터 꽃봉오리를 터트린 앵두나무의 꽃잎은 엷은 분홍색을 띠며 매일 사랑의 일기를 쓴다. 담장 너머로 넘겨다보며 소곤거리는 모습이 더욱 앙증스럽다.

오늘 아침 외출을 하려고 대문을 열려다 말고, 앵두나무가 있는 담 쪽으로 갔다. 코를 꽃술 가까이 대고 찡긋거려 보지만 향은 그다지 없었다. 다만 분홍빛이 감도는 잔잔한 꽃잎 다섯 개와 그 속에 싸여 있는 꽃술이 사랑스러워 미소를 머금고 눈을 맞춘다.

오후 4시경 집에 돌아와 문을 열자마자 앵두꽃과 눈맞춤을 하려는데, 낯선 나무가 앵두 대신 나를 올려다보고 있다.

맙소사! 남편이 몇 년을 벼르더니 드디어 그것이 오늘이었다. 자두 묘목을 사온 것이다. 놀라서 정원을 휘돌아 보았다.

앵두나무는 자기 자리를 빼앗기고, 동쪽 담을 끼고 울타리 삼아 심어져 있는 사철나무 앞에 어설프게 서 있지 않는가. 자신의 옛 자리에 연민의 눈길을 보내고 있었다. 뿌리를 땅속에 꼭꼭 숨기며, 자리를 빼앗기지 않으려고 얼마나 안간힘을 썼을까. 나를 목마르게 찾았을 텐데, 외출하지 말 것을.

앵두나무에 눈길이 머물자, 한걸음에 달려가 나무와 꽃들을 살폈다. 나무의 왼쪽에 있던 가지가 몇 개 부러져 나갔고, 꽃잎도 대부분 사라졌다. 가지를 사이에 두고 양쪽에 양팔을 벌린 듯 맞붙어 있는 모습이었는데, 꽃잎의 배열도 엉망이 되었고 자태 또한 그러했다. 뿌리째 뽑혀온 참담한 모습이었다.

나무가 지나갔을 잔디밭을 살폈다. 여기저기 찢겨진 꽃잎이 나동그라져 있다. 다해가는 생명을 붙들고 안간힘을 쓰며 떨고 있다. 그 밑에서 잔디의 숨결이 그들의 꺼져가는 호흡을 자극해 본다.

어젯밤, 「The Passion of the Christ」라는 영화를 보았다. 우리나라에서는 아직 개봉되지 않은 것을 컴퓨터로 다운받아 만나게 되었다. 예수님의 십자가 수난을 리얼하게 보여 주었다. 채찍으로 인하여 살갗이 터지면서 튀어나오는 핏덩어리가 온몸에 엉겨 붙었고, 지쳐 걸을 수 없는 몸으로 십자가를 지고 골고다로 향하는 주님의 그 모습! 손바닥에 대못이 박힐 때, 솟구치는 핏줄기, 그의 울부짖음. "아버지여! 어찌 나를 버리시나이까!"

예수님의 어머니가 아들의 그 처절한 모습을 바라보며, 뒤쫓아가면서 고통 가운데 흐느끼는 비통함. 이 모든 것들은 가슴을 장작 패듯이 쪼개며, 솟구치는 눈물로 얼굴을 젖게 했다.

잔디밭 위에 찢겨져 뒹굴고 있는 꽃잎들 위에 예수님의 피멍든 얼굴 모습이 포개져 온다.

꽃이 피었던 자리에 빨간 앵두가 열릴 텐데. 하지만 한두 개는 맺겠지! 예수님의 피는 오늘날까지도 알알이 열매를 맺고 있지 않는가!

남편은 괜찮다고 하지만, 나는 마음이 놓이질 않는다.

오후의 햇살이 아직도 따가운데, 하늘을 올려다보며 구름을 찾고 있다.

(2005)

취 미

좋아하는 것을 평생 즐길 수 있음은 작은 행복이요, 삶의 윤활유이다. 삶의 모든 군더더기는 볼과 함께 굴러서 핀을 쓰러트리는 순간 떨어져 나간다. 이것이 좋아서 볼링을 한다. 게임이 끝날 때 몸과 마음이 청결해진다.

아침에 샤워를 하고, 머리를 부지런히 세팅한 후 화장을 시작한다. 볼링 스커트, 티셔츠, 양말을 챙겨서 가방에 넣고, 간편한 차림으로 집을 나서려는데 뒤에서 퉁명스런 말소리가 들린다.

“뭐 하러 나가요?”

“오늘이 첫 번째 화요일이에요. 볼링 정기전이 있는 날 말이에요.”

18년 가까이 볼링을 해 왔건만, 남편은 요즈음 가끔 투정을 부린다. 나의 외출을 달갑게 여기지 않는 모습이다. 5년 전 공직에서 퇴임한 후 시간에 매여서 하는 일이 없어서인지 모르겠다. 특히 즐기는 취미도 없다.

남편의 외출은 친구의 전화가 있을 때이다. 물론 한 달에 한두 번의 모임과 두 달에 한 번 모이는 정기적인 모임을 빼고는 말이다.

남편이 거실을 비울 때는 친구와의 약속이 있을 때, 정원에서 나뭇가지를 다듬을 때, 잔디밭에서 잡초를 뽑거나, 아니면 담배를 피울 때이다. 아침에 신문이 오면, 모든 면을 다 살핀 후, TV 프로그램이 있는 면을 잘 보이게 접어서 거실 탁자 위에 놓는다. 주로 낮에 있을 스포츠 중계를 보려는 속셈이다. 중계방송이 있을 때는 남편의 외침 소리로 온 집안이 소란스럽다. 그 가운데 고마운 것은 볼링 게임의 중계방송이 있을 때는 꼭 알려 주는 배려이다.

내가 볼링 하는 것에 별 관심이 없던 남편이 어느 날 갑자기 볼링장에 가자고 했다. 왜 갑자기 볼링을 하려느냐고 물었다. 이 물음에 답하기를, 요즈음 자기 학교 선생님들이 학생들을 데리고 볼링장에 다니더니, 자기들이 더 재미를 붙여서 퇴근 후 볼링을 하러 가면서 자기에게도 자꾸 권하는데, 아무 것도 몰라서 못 갔다고 했다. 교직원들과 함께 하고 싶어서 기초적인 것을 좀 배우려고 한다고 했다. 잘 배워서 일등을 하라고 했다. 남편은 그 말에 시큰둥해 하면서 볼을 굴리기만 하면 되지 뭐 그리 어렵겠느냐고 했다.

그날 볼링장으로 갔다. 볼링장에 들어서자마자, 그에게 맞는 볼링화와 공을 골라 주었다. 우리는 레인 앞에 섰다. 볼에 구멍이 세 개 있으므로, 한 곳에는 엄지를, 나란히 있는 두 구멍에는 중지와 약지를 넣으라고 했다. 그 다음 스텝을 알려 주려는데, 할 수 있다며 스텝을 마음대로 두어 걸음 밟더니 공을 레인위에 내동

댕이쳤다. 볼은 마음대로 굴러가다가 핀 두 개를 넘어트리고 사라졌다.

남은 핀을 처리할 수 있도록 그가 서 있어야 할 출발점을 알려주었다. 애임 스파트가 오른쪽에서 세 번째 있으니, 볼이 그곳을 지나도록 굴려보라고 했다. 아예 핀은 보지 말고 애임 스파트만 보라고 했다. 물론 볼러가 레인을 읽은 후 애임 스파트는 옮길 수 있다. 핀을 보지 말고 애임 스파트만 보라는 것이 못 미더운지 고개를 갸우뚱하고는 돌아온 볼을 다시 집어 들었다. 애임 스파트 대신 핀을 노려본 후 휘청거리는 스텝으로 걸어가더니 또 다시 볼을 내동댕이쳤다. 핀 세 개가 소스라쳐 넘어졌다. 다섯 게임을 하는 동안 볼은 수시로 도랑에 빠지고, 핀은 뽐내듯이 맞춰 보라며 서 있다. 그의 발은 때때로 꼬이기까지 했다.

그날 때늦은 저녁을 먹으며, 그는 소주로 속을 풀었다. 그 후로도 서너 번 볼링장을 찾았으나 결국 포기하고 말았다. 볼링의 원칙을 무시하고 자신의 판단대로 볼을 던지니, 그 볼도 제 마음대로 놀았다.

볼링 동호인으로 모인 나의 클럽, '미네르바'는 3년 전 '플러스'라는 이름으로 바뀌고, 볼링장 폐쇄로 인하여 네 번이나 옮겼다. 볼을 굴리면서 틈새를 이용하여 나누는 이야깃감도 볼링장을 옮긴 만큼 변했다.

아이들의 문제로 열을 올리고, 고3 아이가 있어서 별거 아닌 별거를 해야 되는 부부 생활, 직장 문제, 맘에 안 드는 배우자를 데리고 와서 자녀들과 한바탕 소동을 벌린 일 등 여러 이야기가 꼬리를 문다. 요즈음은 손자, 손녀 재롱 이야기로 꽃을 피운다. 손자 자랑은 돈 내 놓고 하라며 손을 쫙 펴는 젊은 회원도 있었다. 딸집에 갔을 때 사위가 청소하면 속으로 웃고, 아들 집에 갔을 때 아들이 화장실 청소하는 것 보면, 무언가 속에서 치밀어 오른다는 시어머니의 심술 등….

볼링을 하면서 재미있는 추억도 많다. 초창기 미네르바의 회원이었던 젊은 주부가 있었다. 어느 날 정기전에 나온 그녀는 환한 미소로 나와 마주쳤다. 그녀에게 다가가며 어제 좋은 일이 있었느냐고 물었다. 아니 그 반대라며 화가 치밀어서 못 살겠다고 했다. 오늘 핀에게 실컷 화풀이를 하겠단다. 그녀는 화난 이야기를 풀어놓기 시작했다.

어제 저녁 직장에서 돌아온 남편은 배가 고프다며, 빨리 밥을 달라기에, 허둥지둥 땀을 흘려가며 밥을 지었다. 상을 갖다 놓는 소리를 들었을 텐데, 얼마가 지나도 남편은 보는 척도 않았다. 화가 머리끝까지 치솟은 그녀는 "배고프다고 했잖아요." 하며 앙칼진 투로 쏘아붙였단다. 그제야 남편은 신문을 밥상 위에 휙 던지며, "안 먹는다. 치우거라!" 했다는 것이다. 들어오자마자 밥상이 들어오지 않은 것이 죄목이었다.

화를 새기지 못해 잠을 설치고 경기장에 일찍 나왔는데 그녀는 어디서 솟구치는 힘이 나왔는지 볼을 힘차게 날려 스트라이크를 자주 쳤고, 결국 우승을 차지했다. 그날 저녁 그 집의 상은 푸짐

했을 것이다. 우리 집에도 우승하는 날의 저녁상은 푸짐하니까!

D볼링장으로 옮겼을 때 일이다. 서로 다른 클럽이지만 정기전이 내가 나가는 화요일이라 늘 만나는 사람들이 있다. 그중에서도 우리 옆 레인에서 경기를 하는 50대 중후반 남자 분들이 있었다. 어느 화요일에 나갔는데, 옆 레인에서 볼을 굴리던 한 분이 보이지 않았다. 그분과 짝하여 레인 위에 늘 계신 분에게 물었다.

"파트너가 어디 가셨나 보죠?"

"네. 아주 가버리셨어요."

회원들은 믿을 수 없다는 표정으로 그 중년 신사를 바라보았다. 지난 주 정기전에서 뵈었고 볼을 굴려 스트라이크가 나오면 "얏" 하는 고함 소리와 함께 오른손의 주먹이 하늘을 향해 치솟는 그 모습이 우리를 늘 웃게 하며 손뼉을 치게 했던 분이다.

"저도 믿어지지 않습니다. 수요일 저녁에 같이 연습하고 저녁 먹고 헤어졌는데, 밤 11시경 전화가 왔습니다. 부인이 울면서…."

그날 우리는 허탈한 마음이여서인지, 모두 형편없는 점수를 기록했다.

레인 위에서 볼을 굴리기 전 정신을 집중하고 호흡을 가다듬은 후에 스텝을 밟는다. 볼이 헤드핀과 2번을 치거나, 헤드핀과 3번 핀을 쳤을 때 나머지 핀들은 그 반동으로 쓰러진다. 모든 핀들이 쓰러져 스트라이크가 될 때 오는 쾌감을 어찌 표현하겠는가! 또 벌어진 두 핀 사이로 볼을 굴려 커버했을 때 즐거움은 치솟는다. 그러나 늘 핀 처리가 잘 되어 그런 쾌감을 갖게 되는 것은 아니다.

때때로 애임 스파트를 빗나가 스트레스를 받을 때도 있다. 이것이 지속되면 기분이 처지고, 손에 든 볼의 무게는 천근만근이다.

핀과 대결하는 동안 온몸에 땀이 흐르고, 정신은 맑아진다. 다른 운동도 마찬가지일 게다. 운동하는 동안은 그 어떤 근심도, 염려도 잊은 채 오직 육체와 정신을 하나로 통일시켜 원하는 목표만을 향하여 질주하게 된다. 이를 통하여 오는 쾌감과 만족을 누리면서 몸에 건강을 가져오는 것은 이차적인 소득이라고 생각된다.

좋아하는 것을 평생 즐길 수 있음은 작은 행복이요, 삶의 윤활유이다. 삶의 모든 군더더기는 볼과 함께 굴러서 핀을 쓰러트리는 순간 떨어져 나간다. 이것이 좋아서 볼링을 한다. 게임이 끝날 때 몸과 마음이 청결해진다. 빈 마음과 가벼워진 몸으로 볼링장을 나오게 된다. 새로운 것으로 채울 여백이 생겨서 좋다. 다음 정기전까지 그 여백은 채워지고, 볼은 다시 그것을 지우리라.

오늘 남편은 축구 중계를 볼 것이며, 응원도 힘차게 하리라. 자신이 원하는 팀의 승리를 위하여. 생수 병을 탁자 위에 놓고, 때때로 목을 축이면서.

허나, 남편의 씁쓸한 말을 뒤로 한 채 나는 볼링장으로 향한다. 스트라이크로 모든 것을 쓸어버리고 파이팅하기 위하여.

(2003)

가족 여행

동강의 물소리가 어두움을 뚫고 우리 주위를 감싼다.
농장을 떠나기 전 주인장의 차 초대를 받았다.

토요일 새벽 서울을 떠나 영동 고속도로로 진입했다. 안흥, 방림, 평창, 가리왕산 휴양림 쪽을 지나 정선에 위치한 '임 씨네 농장'에 도착하였다.

초록빛을 띤 동강의 물결이 잔잔히 흐르고, 그 물줄기를 따라 병풍처럼 산들이 솟아 있다. 깎아놓은 듯한 산은 정상부터 아래까지 여러 가지 색채로 물들어 있어 탄성이 터져 나왔다. 이곳은 '임씨네 농장'의 앞모습이다.

농장 뒤로도 높지 않은 산이 둘러 있으며 단풍이 아름답게 물들어 있다. 농장 주위에는 지난 여름까지 꽃을 피워 찾는 이들을 기쁘게 했던 채송화, 접시꽃, 족두리꽃, 비비추, 달개비, 꽈리, 원추리, 나리꽃 등이 말라버린 줄기 끝에 까만 씨를 이고 바람에 휘청거리고 있다. 씨방을 이고 있는 꽃무리 속에서 맨드라미와 코스모스는 환한 미소로 오는 손님을 맞이한다.

텃밭에서 자라던 푸성귀는 보이지 않고, 방문객들에게 먹을 만큼만 뜯어가라는 팻말이 밭 가운데 오도카니 꽂혀 있다. 농장 입구에 들어서니 개 서너 마리가 꼬리를 흔들며 아이들과 놀고 있다. 집과 좀 떨어진 곳에 사슴 세 마리가 우리 안에 누워 있는 모습이 무척 한가롭다.

아들 가족, 큰딸 가족, 막내딸 가족과 우리를 합쳐 열네 명이 왔다. 차에서 내리자마자 여섯 명의 아이들이 축구공을 가지고 잔디밭으로 달려간다. 어른들은 예약된 황토 집으로 짐을 나른다. 이틀을 머무는데도 짐은 많았다. 짐의 대부분은 손자들과 손녀들의 옷이다.

오랜만에 어른들은 일상에서 탈출하였고, 아이들 역시 학교와 학원을 오가는 고달픈 시간들을 잊고 동심에 젖어 드는 듯했다.

멀리 서서 아이들의 행동을 바라본다. 공을 쫓아 달려가다가 넘어지는 아이를 보고 까르르 웃는 녀석이 있고, 그 틈을 타서 공을 잡고 골대를 향하여 달려가는 녀석이 있다. 어떤 녀석은 달려가는 놈의 다리를 걸어 넘어지게 하고는 신나게 공을 걷어차 골대로 향한다. 애비들도 그 애들과 함께 뛰고 있다.

시골에는 밤이 일찍 찾아 온다면서 남편이 바비큐 통에 장작불을 지핀다. 며느리와 딸 둘은 야채를 씻고, 반찬을 만든다고 주방에서 분주한 모습이다.

아들이 아버지의 불 지피는 모습을 멀리서 본 모양인지 사위들과 함께 걸어오고 있다. 그 뒤를 졸망졸망한 아이들이 뒤따라오고 있다.

아이들은 와르르 한꺼번에 화장실로 달려간다. 손을 씻으러 가는 모양이다. 애미들이 깨끗이 씻으라며 잔소리를 한다.

아들과 사위들이 오자 남편은 그들에게 고기 굽는 일을 넘겼다. 아이들 상에 고기 접시가 수시로 오간다. 상 위에는 겉절이가 큰 접시에 소담스럽게 담겨 있다. 한 녀석이 고기를 입에 문 채 겉절이 한쪽을 집어서 입을 벌려 집어넣는다. 그것을 다 삼키기도 전에 묻는다.

"엄마! 이 겉절이 누가 한 거야?"

며느리가 대답한다.

"할머니가 하신거야. 맛있니?"

"으응! 역시 할머니였구나!"

아이들을 돌보면서 며느리와 두 딸은 자기네들의 남편을 챙긴다. 깻잎 한 장에 상추와 쑥갓을 얹고 고기 한 점, 마늘 한 쪽, 된장을 넣어서 돌돌 말아 자기 짝들의 입에 넣어준다. 경쟁이라도 하듯이 그들은 바쁘게 날라다 주었다. 남편의 입에도 가끔 그들의 손길이 닿는 모습이 보였다.

사방이 어두워지자 주인장은 모닥불을 피워 주었다. 아이들과 함께 그 주위를 돌면서 게임을 하고 진 사람에게는 벌칙으로 노래와 춤을 시켰다.

"돌아갑시다. 돌아갑시다. 재미있는 시간이 벌써 지났네! 일대 이대 삼대 사대 돌아갑시다. 세 명 붙어라."

모두들 허겁지겁 세 명씩 붙는다. 때로는 다섯 명, 네 명이 불러지기도 하고 아홉 명이 불러지기도 하였다. 원을 그리며 얼마를 그렇게 뛰었는지 모두 숨을 헐떡거렸다. 나의 몸에도 땀이 흐르기 시작하였고, 아이들 얼굴에는 땀방울이 주르르 흘러내렸다. 제일 나이 어린 외손녀가 헉헉거리며 나무 의자에 앉더니, 군고구마 냄새가 난다고 한다.

은박지에 싸서 불 속에 묻어둔 고구마 익어가는 냄새가 그 아이의 코를 자극하나보다.

군고구마 냄새가 난다는 말에 모두들 게임을 중지하고 모닥불을 중심으로 둘러앉았다. 아들과 사위들이 긴 집게를 들고 고구마 찾기에 여념이 없다. 불 속에서 은박지가 번쩍일 때마다 아이들은 "저기, 저기" 하며 소리를 질러댄다.

밤하늘에 별이 총총하다. 얼마 만에 보는 밝은 별빛인가. 맑은 공기는 소화도 돕는 모양이다. 어른 아이 할 것 없이 한 상자의 고구마를 다 먹어치웠는데도 배탈 났다는 이가 한 사람도 없었다.

동강의 물소리가 어두움을 뚫고 우리 주위를 감싼다.

농장을 떠나기 전 주인장의 차 초대를 받았다. 소박하게 꾸며진 찻집이다. 물론 농장 안에 있다. 부인이 허브차를 끓여서 내놓았다. 차를 마시면서 창문 밖을 바라보는데 유리창에 예쁜 등꽃 같은 것이 보였다. 붉은 색에 끝은 노란색이며 가운데 있는 술은 자주색이다. 너무 예쁘다고 하였더니 몇 개를 따온다. 먹을 수 있는 허브라며 한 번 먹어보라고 한다. 입안에 넣기 전에 꽃잎을 들여다보니, 붉은 색은 겉잎이고 그 안에 노란 꽃잎이 겹으로 붙어 있다. 겉꽃잎보다 속잎이 더 길기 때문에 끝에 노랗게 붙어 있는 것처럼 보인 것이다. 입안에 넣자마자 달콤함을 느꼈다. 이름을 묻자 '아브틸톤'이라고 하며 줄기를 잘라 드릴 테니 길러 보라고 한다. 그녀는 정성스럽게 자른 줄기를 흙에 쌓아서 비닐 종이에 넣어 남편에게 건네주었다.

그 봉투 안에는 작은 허브 화분 세 개가 더 있었다.

허브차를 마시고 아브틸톤까지 얻어 가지고 나오는 우리의 마음은 성선 그 산골 농장에 남겨졌다.

도시에서 눈코 뜰 새 없이 생활하는 우리의 자녀들과 손자, 손녀들이 자연의 여유와 풍성함을 느꼈으면 한다. 또한 임씨 부부의 넉넉하고 풋풋한 정을 배운 가족 여행이었기를 바라면서 상경길에 올랐다. (2008. 10. 26)

작 별

강한 바람이 나뭇가지를 뒤흔들고 있다. 떨어진 나뭇잎들은 허공을 맴돌며 갈 곳을 찾는다. 출국장을 떠나는 나의 손목에는 '게스' 상표의 시계가 채워져 있고, 시계에 박힌 다이아가 반짝반짝 빛을 발하고 있다.

어머니! 내년에 다시 뵙기를 기도합니다.

2003년 11월 30일 LA공항에서 어머니와 헤어지면서 나는 어머니를 포옹할 수 없었다. 왈칵 눈물이 솟아오를 것 같아서.

"이제 마지막이 되겠지!" 손을 꼭 잡으시면서 어머니가 한 말씀이다.

탑승 시간이 30여분 남았으므로 동생들과 어머니를 모시고 커피숍으로 들어갔다. 둥근 테이블을 가운데 두고 둘러앉았다. 무거운 침묵이 우리를 휘감고 있었다.

어제 아침에 어머니와 나는 4박 5일의 크루즈 여행에서 돌아왔다. 14층의 거대한 빌딩 같은 여객선은 2만 5천명의 손님을 싣고, 산 페드로 항구를 떠나서 샌디에이고, 카탈리나 섬을 거쳐서 멕시코 엔세나다를 마지막 거점으로 다시 산 페드로 항구로 돌아오는 여행이었다. 출발하기 위해 산 페드로항에 도착했을 때 어머니는 흥분에 차 있었다. 핑크색 바지와 핑크색 줄무늬 티셔츠가 돋보인다.

배 안으로 들어가서 지정된 캐빈의 열쇠를 받아서 2층으로 올라갔다. 여행 가방을 캐빈에 풀어 놓고, 아침을 먹기 위해 식당으로 들어갔다. 세팅된 테이블마다 꽃이 꽂혀 있고, 검은 그랜드 피아노는 중앙에 자리 잡고 있었다. 어머니는 오트밀과 야채샐러드를, 나는 커피, 토스트 한 쪽과 토마토를 들었다. 식사가 끝날 무렵 웨이터가 다가오더니 저녁을 몇 시에 하겠느냐고 물어서 7시에 하겠다고 하니, 그는 저녁식사 시간은 다른 테이블이라며 알려주었다. 식당을 빠져 나온 우리는 우선 배 안을 구경하기로 했다.

엘리베이터를 타고 꼭대기 층에서 내렸다. 그곳에는 암벽 타기 시설이 되어 있고, 대여섯 명이 이미 밧줄에 매달려 올라가고 있었다. 그 반대편에는 선탠을 할 수 있도록 의자들이 길게 누워 있으며 조깅할 수 있는 트랙도 이 꼭대기 층이라고 한다. 12층으로 내려와서 바다를 바라볼 수 있는 곳에 자리를 잡고, 흥분을 좀 가라앉히기로 했다.

"애야! 배가 가고 있니? 저 큰 배들 좀 봐라, 뒤쪽으로 말이야. 어휴! 그 많은 사람들은 어디 가 있니? 아침을 그렇게 먹고, 저 식당에 사람들 봐! 무엇들을 저렇게 접시에 또 가져오니?"

어머니의 호기심은 끝이 안 보였다.

13층에는 뷔페식당, 라이브 뮤직의 스테이지가 있으며, 12층에는 수영장, 자쿠지, 또 한편으로 카페가 자리 잡고 있다. 그곳은 태평양이 내려다보이는 곳이다.

이 여객선이 가는 길을 망망대해는 흰 파도더미로 보듬는다.

피트니스 센터, 샤워장, 미용실, 면세점, 포토숍, 카지노, 영화관, 바, 무도회장…. 마치 한 도시를 옮겨 놓은 듯 했다. 배는 어느새 샌디에이고에 도착했고 관광객들은 시내 관광을 위하여 선박 밖으로 향하고 있었다. 4년 전 우리는 이곳을 버스로 여행한 일이 있으므로, 배 안에 머물기로 했다.

아직도 구경 못한 곳이 많아서 우리는 이곳저곳을 기웃거리며 면세점까지 왔다. 어머니는 한 가지 꼭 살 것이 있다며 여기저기를 꼼꼼히 살폈다. 갑자기 어머니는 나의 손을 잡아끌었다. 시계를 파는 곳이었다. 싸고 예쁜 것이 많은데 굳이 사각형 모양에 서브 다이아가 촘촘히 박혀 있는 '게스' 상표의 시계를 가리켰다. 싼 것을 사자고 해도 막무가내였다. 할 수 없이 그것을 사 가지고 나오면서 물었다.

"그 손목시계가 가지고 싶으셨어요?"

"아니다. 선물하려고."

시간은 얼마나 빨리 달리는지 벌써 오후 7시가 가까워지고 있었다. 서둘러 식당으로 내려가서 지정된 테이블에 앉았다. 맞은편에는 부부로 보이는 젊은 한 쌍이 앉아서 미소로 반겼다. 그들은 새크라멘토에서 왔으며, 결혼 3주년 기념으로 이번 여행을 하노라고 했다. 우리는 한국 사람이며, 어머니를 위하여 크루즈 여행을 처음 한다고 했다. 서로 악수를 하며 인사를 나누었고, 어머니는 서투른 발음으로, "생큐" 했다. 영어를 잘 하신다며 그들은 마주보며 웃었다. 식사 때마다 마주해야 하는 사람들인데, 좋은 분들을 만났다고 생각했다.

웨이터가 주문을 받으러 왔다. 그녀를 바라보더니, 미소 지으며, 메인디시로 연어가 좋겠다고 했다. 어머니의 연세를 가늠한 듯하다. 웨이터의 권유대로 응했다. 피아노 음률을 섞어서 식사를 했다. 여기저기서 행복한 웃음소리가 터진다. 젊은이들은 자신들의 접시에서 부드러운 것들을 골라서 그녀의 접시에 놓으면서 맛을 보라고 했다. 그들은 동양적인 사고를 가진 이들 같았다. 그녀는 꼬부라진 등을 더욱 꼬부리며 "생큐! 생큐!" 했다. 그들은 응답대신 고즈넉한 미소를 보냈다. 부모님에 관한 이야기, 직장 이야기, 자녀들에 관한 이야기 등을 나누며 9시가 다 되도록 테이블에 앉아 있었다.

둘째 날은 카탈리나 섬에서 undersea tour를 했다. 바다 밑은 육지 위에 산처럼 식물이 크게 자라 숲을 이루었고, 그 사이 사이로 물고기들이 떼를 지어 다녔다. 금방이라도 배 속으로 뛰어 들어 올 것처럼 돌진하기도 했다. 어머니는 배 창유리에 눈을 딱 붙이고, 감탄사만 쏟는다.

"얘, 얘, 저놈들! 어머! 떼로 몰려 다녀! 부딪치겠어!"

어머니의 소리를 귓전으로 들으면서 배 안에서 오락가락 했다. 양쪽에서 보이는 물고기 무리와 침엽수처럼 길게 뻗어 오른 해초의 흔들림을 놓치지 않고 보려함이다.

마지막 날은 멕시코 엔세나다에서 시내 관광을 하며 낮 시간을 보냈다. 멕시코는 가죽 제품과 은 장신구들이 싸다며, 많은 관광객들이 가게로 몰려들었다. 어머니도 서울에 있는 손자, 손녀들에게 선물을 해야 한다며, 가죽 제품이 쌓여 있는 한 가게로 들어가신다. 아이들은 다 가지고 있으니 어머니 것을 사라고 말씀드려도 말릴 수가 없었다. 조그마한 여행 가방을 세 개 사시고, 손자에게는 가죽 캡모자에 그의 이름의 이니셜을 새겨 달라고 해서 추가로 더 샀다. 오후 4시가 넘어서 정박해 있는 배 안으로 돌아왔다. 어머니는 몹시 피곤한 듯 캐빈에서 좀 쉬자고 하셨다.

손을 씻고 침대 위에 누우신 어머니는 코를 고시며 낮잠을 즐기셨다. 옆에서 조용히 책을 꺼내 읽기 시작했다. 어머니를 위하여 주스를 주문했더니, 노크 소리가 들린다. 문을 열고 주스를 받아 놓았다. 차가울 때 마시는 것이 좋을 것 같아, 어머니를 깨웠다. "어휴, 많이 잤구나" 하시며, 일어나시더니 유리잔에 든 음료수를 단숨에 비우셨다.

저녁 시간이 가까워지므로 우리는 옷을 예복으로 갈아입었다. 선박 안에 있는 모든 사람들이 성장을 하고 다이닝 홀로 들어섰다. 매일 저녁식사 시간에 해왔듯이, 생일을 맞은 분들과 결혼기념일을 맞이한 위하여, 「Happy Birthday」, 「Happy Anniversary」의 노래로 그들을 축하해 주고 케이크도 전달되었다. 각 테이블에서 주문한 음식이 다 서빙 되었을 때, 흰 모자를 쓴 요리사들과 웨이터들이 일렬로 서서 자기들을 소개했고, 피아노 음반에서는 감미로운 멜로디가 흘러나왔다. 뒤에서 수고하는 이들이 당당하게 자기를 소개하는 모습이 퍽 인상적이었다.

식사를 시작하려는데, 이제부터 댄스파티가 열리니 원하는 분들은 마음껏 추라고 했다. 우리 테이블에 앉은 젊은 부부에게 권했더니, 자기들은 춤을 못 춘다며 사양했다. 그때 우리 테이블에 서빙하던 세 명의 웨이터 중에 수석 웨이터가 어머니의 손을 잡아 일으켰다. 어머니는 당황하여 손을 좌우로 흔들며, "노, 노" 했다. 허나 그는 어머니를 부추겨서 일으켜 세우고 양손을 잡았다. 옆 테이블에 앉은 노부부와 젊은 부부가 큰 박수로 어머니를 격려했다. 스텝도 모르는 어머니는 그의 신 팔에 매달려서 숨을 몰아쉬며 춤을 추었다. 그가 손을 밀거나 당길 때, 그의 발을 수시로 밟았다. 난생처음 있는 일이니! 마치 아빠의 손에 이끌려 춤을 추는 어린아이 같은 모습을 보였다. 어색해하면서도 즐거워하셨다. 아버님이 돌아가신 지 27년이 되었고, 외간남자의 손을 잡는 것도 처음이리라. 저 말라버린 가슴에도 넘칠 감정이 있는지! 어머니의 모습을 보며, 왜 이리도 가슴이 메어오는지….

한 곡이 끝나자 그 친절한 웨이터는 어머니의 상반신을 부추겨서 의자에 앉혀드리고, 감사하다는 말과 함께, "Be Happy. May God Bless You and Your Daughter!"(행복하십시오. 하나님의 축복이 당신과 따님에게 있기를 빕니다)라고 했다. 그는 이마에 흐르는 땀을 훔쳐내고 있었다. 아직도 숨을 고르고 있는 어머니는 그 웨이터에게 팁을 많이 주라고 했다.

25년 전 셋째 딸의 초청으로 어머니는 미국에 오셨고, 둘째, 셋째, 막내딸과 아들의 집을 오가시며 사셨으나, 막내딸과 사신 세월이 길었다. 올해 90세이신 어머니는 작년에 담석 수술을 하셨지만 건강하신 편이었다. 다만 청력이 안 좋으신데, 그것이 여러 가지 문제를 일으켜서 양로원으로 모시기로 했다. 그러나 어머니는 원하지 않았다. 자식들은 양로원의 편의 시설과 의료진의 항상 대기 등을 설명하며 설득 시켰다. 들어가셔서 불편하시면 다시 나오셔도 된다는 여운을 남겼다. 오래 모시고 있던 막내 사위가 안타까운 심정으로 위로했다.

이 여행은 어머니를 위한 위로 여행이었다. 내가 귀국하는 날, 당신도 양로원으로 가시겠다고 하셨다. 30분 후면 나는 비행기에 몸을 실을 것이고, 어머니는 양로원으로 향할 것이다.

공항을 오가는 사람들의 발걸음은 바빴다. 우리는 퇴색한 시간 속으로 빨려 들어가고 있었다. 어머니의 젊은 날들 속으로. 한복을 손질하실 때를 제외하고는 늘 서서 일하셨던 어머니. 6·25 사변 전에는 공장을 운영하시던 아버지를 도우시며 자식들 뒷바라지를 하셨다. 전쟁이 끝난 후 서울로 돌아왔을 때는 텅 빈 집만 남아 있었다. 생계를 위하여 어머니는 밀주를 만들어 파셨다. 우리 자매, 형제는 술밥을 몰래 훔쳐 먹으며 즐거워했다. 그도 여의치 않으셨는지 2년 후 장사를 시작하셨다. 아버지는 밑천이 없다는 핑계로 아랫목, 윗목을 한복 바지로 걸레질하며 방에서 꼼짝

안 하셨다. 어머니의 끝없는 헌신이 자식들 행복의 밑거름이었다. 그때의 고생으로 얼굴엔 주름으로 고랑이 패였고, 그 빛나던 검은 눈동자는 회색빛으로 발했다. 검버섯이란 것이 장소도 가리지 않고, 온몸에 피어 빛바랜 살갗을 보니 가슴이 에인다.

지금 어머니는 새로운 환경에 대한 두려움과 자식들 곁을 떠나야 하는 허허로움과 슬픔이 어머니의 전신을 맥없이 무너트리고 있을 것이다.

강한 바람이 나뭇가지를 뒤흔들고 있다. 떨어진 나뭇잎들은 허공을 맴돌며 갈 곳을 찾는다. 출국장을 떠나는 나의 손목에는 '게스' 상표의 시계가 채워져 있고, 시계에 박힌 다이아가 반짝반짝 빛을 발하고 있다.

어머니! 내년에 다시 뵙기를 기도합니다. (2003)

한 줌의 행복

그 꽃은 컵에서 보름이 넘도록 가을 야산의 정취를 느끼게 했다. 다섯 살배기 아이의 손에 쥐어진 한 줌의 들꽃은 거실을 온통 행복의 도가니로 바꾸어 놓았다. 곰실곰실한 그 녀석의 손가락이 눈에 어린다.

외출에서 돌아와 보니 거실 탁자 위에 유리컵 하나가 놓여 있다. 그 속에는 작고 가냘픈 흰 꽃줄기가 몇 개 담겨져 있었다. 언뜻 보기에도 들꽃임이 틀림없었다. 그 작은 꽃송이들은 환한 미소로 주인을 반겼다. 마치 가을을 거실에 옮겨 놓은 듯하다.

웃옷을 벗어 던진 후, 누구의 손길인지 궁금하여 여기저기 다이얼을 돌렸다. 드디어 누구의 손길인지 알아내었다. 손자 도경이였다. 아들과 며느리, 손자, 손녀가 태릉에 볼일이 있어 들렸다가 근처 불암산 가까이에 있는 한 음식점에서 저녁을 먹었다고 한다. 음식을 기다리는 사이에 도경이가 나가자고 떼를 써서 며느리는 아이를 데리고 밖으로 나왔단다. 그때 이 아이는 얕은 언덕배기에 하얗게 피어 있는 꽃을 보았다. 보는 순간 넘어질 듯 달려가서 꽃

가지를 꺾기 시작했고, 자기의 손 안에 한 줌이 되자 만족한 웃음을 지으며, 밥 먹으러 가자고 했단다.

밥을 먹는 동안에도 상 아래에 놓여 있는 꽃을 수시로 바라보며 웃더라는 것이다. 그들은 귀갓길에 장위동 우리 집에 잠깐 들렀다고 한다. 할아버지와 할머니가 없는 것을 안 도경이는 실망하면서, 그래도 꽃을 할머니에게 주어야 한다면서 탁자 위에 올려놓았다. 곧 시들 것 같아서 유리컵을 찾아 꽂아 놓고 돌아갔다고 했다.

손자와 통화를 하고 싶어 바꿔 달라고 했다. 도경이가 주고 간 꽃 때문에 할머니는 너무 너무 행복하다고 했고, 고맙다는 마음도 전했다. 철을 따라 정원에서 피는 꽃이 많건만 들꽃을 좋아하는 할미의 마음을 이 녀석이 읽은 것 같다.

그 꽃은 컵에서 보름이 넘도록 가을 야산의 정취를 느끼게 했다. 다섯 살배기 아이의 손에 쥐어진 한 줌의 들꽃은 거실을 온통 행복의 도가니로 바꾸어 놓았다. 곰실곰실한 그 녀석의 손가락이 눈에 어린다.

남을 배려한다는 것이 이토록 큰 기쁨임을 손자한테서 배운다. 한 줌의 행복이 물결처럼 퍼져 저 바다를 덮을 수도 있겠구나 하는 생각이 든다. 2005년에는 우리 사회에 행복의 물결이 파도 되어 넘실거리기를 기원해 본다. (2004. 10)

산새의 無慾

생명을 유지하기 위한 최소한의 것만을 취하고 만족함으로 창공을 치닫는 저 산새가 부럽다. 그의 자유함이 그립다. 닮고 싶다.

가을로 접어들어 모든 나뭇잎들이 그들의 색채를 바꾸기 시작하면 베라켄사스의 푸른 열매도 서서히 그 빛깔을 바꾸기 시작한다. 거실 통유리를 통하여 그의 변화를 바라본다.

봄에 잔잔한 흰 꽃이 피었던 자리에 동글동글한 푸른 맺힘이 생기기 시작하고, 여름 동안 그들은 자라서 작은 구슬 모양으로 가지 끝마다 대롱대롱 달려 있다. 나뭇잎이 변하여 짙은 초록색이 갈색이 깔린 바랜 녹색으로 변할 때쯤이면, 그들은 분홍색에서 짙은 빨강색으로 변하고 만다. 이때가 성탄절이 가까워지는 시기이므로 그 모습은 더욱 돋보인다. 인위적으로 장식을 해도 그 아름다움은 이 자연의 탈바꿈을 따르지 못하리라.

찬바람이 매섭게 불고 나목의 가지들이 휘청거리며 버텨 내느라 안간힘을 쓰고, 누런 떡잎으로 변한 잔디 위에 흰 눈이 소복이 쌓인다. 이때쯤이면 베라켄사스는 손님을 맞는다. 갈색의 꼬리를 파르르 떨며 작은 산새 한 마리가 '쓰, 쓰' 하는 작은 속삭임으로 퇴색한 잎들이 달린 나뭇가지 위에 살포시 앉는다.

베라캔사스는 작은 흔들림으로 맞는다. 산새는 빨간 열매를 향하여 몸 매무새를 가다듬는다. 곧이어 그의 부리는 열매를 찍는다. 입을 벌려 넘기는 열매는 한 개이다. 목덜미 털이 잠시 떨림으로 인하여 흐트러진다. 자리를 옮겨 다시 그의 부리는 열매를 물었다. 빨간 껍질이 입 속에서 미끄러져 나오고, 하얀 속살이 넘어가면서 그의 목덜미 털은 또 한 번 흐트러진다. 팔짝팔짝 두어 번 발을 옮기더니 '쓰, 쓰' 하는 속삭임과 꼬리의 떨림으로 감사를 표하고 만족함으로 창공을 향하여 치솟아 오른다. 그는 단 두 개의 열매로 배를 채우고 떠났다. 수백 개의 열매 중에서. 욕심 없는 산새의 마음은 그를 더욱 가볍게 치솟아 오르게 하고 있다.

두어 달 전, 한 산자락에 위치한 레스토랑에 초대된 일이 있다. 때늦은 눈이 펑펑 내리고 있어서 주위는 온통 하얀 세계가 펼쳐지고 있다. 초대한 친구는 30이 훌쩍 넘은 딸을 시집보내고서, 홀가분한 기분으로 동창생들에게 한턱 낸다면서 이곳으로 불렀다. 2층 예약석으로 올라갔다. 각 테이블에는 유리 볼에 갖가지 색의 초가 타면서 꽂혀 있다. 창 밖에는 흰 눈이 계속 나뭇가지 위에 쌓이고 창가에 앉은 우리는 준비된 포도주로 건배를 하고, 코스에 따라 나오는 음식을 즐기기 시작했다.

밖에는 이미 어둠이 깔린 지 오래 되었건만, 시간을 잊은 채 접시 비우는 일에 몰두하고 있었다. 다이어트를 한답시고 그날 점심을 생과일주스 한 잔으로 대신했다. 오후 6시가 넘으니 시장기가 발동하여 모든 음식이 맛있었다. 접시마다 다 비우고, 후식까지 먹고 나니, 배는 가슴까지 부풀어 올랐다. 숨을 쉬기조차 곤란한 지경이다. 벌떡 일어났다. 자루를 다 펴지 않고 중간 부위에 곡식을 담고, 자루 윗부분을 붙들고 위로 올리면서 흔들 때 곡식은 아래 빈 공간으로 내려가 윗 부위가 넉넉해지듯이, 위 속에 꽉 차있는 음식물을 아래로 퍼지게 할 속셈으로 말이다.

산새도 먹이를 적당이 먹거늘, 인간인 내가 먹는 것 하나 조절 못하고 과식을 하다니! 불거져 나온 배를 바라보니 부끄럽기 짝이 없다.

법정스님은 그의 수필 「無所有」에서 난초 두 분(盆)을 소유하면서 그들의 노예가 되여 3년을 살았음을 고백했다. 그들을 남에게 주고서야 홀가분한 마음이 들었다고 했다. 신약 성경에 나오는 재물 많은 한 사람도 영생을 얻기를 원했으나, 예수님께서 '네게 있는 것을 다 팔아서 가난한 자들에게 주라고 했을 때, 그는 슬픈 기색을 띠고 근심하며 가니라'고 하였다.

소유하고자 하는 욕심은 무한한 대가를 치르는 것 같다. 나 자신을 소모시킴은 물론이요, 이웃과 사회를 혼란 속으로 몰아넣기도 한다. 우리 사회에서 일어나는 혼란과 분노는 대부분 개인의 과소유욕과 탐심에서 분출된다고 해도 과언이 아닌 듯하다. 공수

래공수거(空手來空手去)이건만 우리의 욕심은 이 지구를 뒤덮고도 남음이 있지 않은가. 석가모니의 가르침도, 예수의 가르침도 멀리 모셔 놓고, 우리의 마음은 소유욕을 채우기 위해 오늘도 스올의 어둠 속에서 헤매고 있음을 어찌하랴.

생명을 유지하기 위한 최소한의 것만을 취하고 만족함으로 창공을 치닫는 저 산새가 부럽다. 그의 자유가 그립다. 닮고 싶다.

이 겨울 세찬 바람 속으로 모든 욕심을 날려 보내고, 산새의 친구가 되어 저 푸르른 창공을 높이 높이 나르리라.

(2004. 12)

* (註) 스올 : 구약 성경 요나서에 나오는 물고기의 어두운 뱃속을 지칭하여, 스올이라 하였음. 음부의 뜻임.

옹고집의 나들이

여자의 마음은 세계의 온갖 브랜드에 뺏기고 있건만…. 서성거리는 내 손목을 잡으며 나가자고 서두른다.

남편은 “날씨가 좋아야 하는데!” 하면서 어제 저녁부터 걱정이다. 일기예보에 비가 온다고 들었다며, 잔뜩 찌푸린 하늘을 쳐다보며 정원을 이리저리 거닐고 있다.

인천공항까지는 리무진 버스로 1시간 40여분이 걸린다고 한다. 출국 시간이 오전 10시 30분인데 여행사에서는 8시까지 공항에 도착하여야 한다고 한다. 집에서 리무진 버스 정류소까지는 10여분이 걸린다. 아직도 어둠이 깔린 6시에 집을 나섰다.

이때 현관문을 열자마자 기다렸다는 듯이 비가 내리기 시작하였다. 다시 안으로 들어와 짐 속에 넣어둔 우산을 꺼내어 받쳐 들고 각자 자신의 가방을 끌면서 택시를 타기 위하여 큰길로 나갔다. 남편은 구시렁거리며 비가 오는 것을 불평한다. 다행히 바로 택시를 탔다.

남편과의 해외여행은 처음인지라 기사가 주는 거스름돈을 팁으로 주고받지 않았다. 그도 기분이 좋은지, 좋은 여행을 하시라며 함박웃음을 보였다. 뒤에 서 있던 남편은 못마땅한 표정을 지었으나 말을 삼키고 땅을 내려다보며 가방을 길 위로 올렸다.

9시 20분경 가이드 아가씨와 함께 검사대를 빠져 나갔다.

출국 게이트로 나가기 전에 시간이 있으니 면세점을 둘러보자고 했다. 이 말이 끝나자마자 남편은 쏜살같이 어디론지 가버렸다. 그의 뒤꽁무니를 바라보던 나는 그가 간 곳을 확인하고 다른 면세점에서 유명 브랜드의 가방을 만지작거리고 있었다.

얼마 후 그는 담배 한 보루를 손에 들고 와서 웃었다. 동네 마트보다 싸다면서. 왜 한 보루만 사느냐고 했더니, "그럼 더 살 수 있나?" 하며 반문했다. "그럼! 두 사람이니까 네 보루 살 수 있지." 했더니 나의 손을 끌다시피 하여 금방 들렀던 면세점으로 들어간다. 세 보루를 더 달라고 하여 계산을 하고 나오는 남편의 모습은 횡재한 사람 같았다. 다른 물건을 좀 보라고 해도 살 것이 없다고 한다. 여자의 마음은 세계의 온갖 브랜드에 뺏기고 있건만…. 서성거리는 내 손목을 잡으며 나가자고 서두른다.

"아니, 잠깐만! 내가 찾던 머플러가 여기 있네!" 갖고 있는 바바리에 어울리는 머플러가 없어서 고민하던 차라, 거침없이 들고 계산대로 갔다. 남편은 가격에 깜짝 놀라며 다시 보라고 판매원에게 독촉한다. 20퍼센트 디스카운트한 가격이라며 맞다고 한다. 시중

백화점 가격에 비하면 꽤 싼 가격이었다. 그것을 왜 사느냐는 볼멘소리를 귓가에 흘리고 포장을 부탁하였다.

이로 인하여 우리는 더 이상 물건을 보지 않고 출국 게이트 앞 대기실로 갔다. 담배 때문에 들떠 있던 그의 기분이 머플러로 인하여 푹 꺼져 있음을 찌푸린 미간에서 알 수 있었다. 그러나 탑승 후 기체 밖으로 보이는 새하얀 양털을 깔아 놓은 듯한 구름을 보면서 표정은 바뀌고 있었다.

2시간 만에 북경 비행장에 도착하였다. 도착 즉시 담배를 피워 물면서 주위를 둘러본다. 반드시 흡연 구역에서만 피우라는 나의 지청구에 그 표지판을 찾는 것 같았다. 빨리 끄라고 독촉하여 그의 손을 잡고 입국 절차를 마쳤다. 대기 중이던 버스를 타고 만리장성으로 향했다. 수많은 희생자를 내며 쌓아 올린 만리장성. 그들의 대가로 관광 수입을 올리고 있는 중국이다.

너무 큰 기대를 걸고 와서인지 볼거리가 변변치 않은 것 같았으나 그는 열심히 사진도 찍고 발아래 깔려 있는 돌들까지도 손으로 만져보곤 한다.

청조 말기에 서태후가 여름 별장으로 사용하던 이화원을 돌아보면서 48년을 통치한 여중호걸의 한 모습이 그대로 보여 나를 사로잡았다. 남편은 깊은 관심으로 둘러보면서, 자금성의 네 배가 된다는 말에 여자가 이렇게 살림을 했으니 나라가 망하지 하며 내뱉었다.

호남성 서북부에 위치한 국가 삼림 공원인 장가계는 수억 년 전의 지각변동으로 인하여 기이한 봉우리와 천혜의 자연 환경이 어우러진 무릉도원이었다. 그 아름다운 비경을 보면서 남편의 관심은 토가족에게 가 있었다. 어른 아이 할 것 없이 가난에 찌든 모습이 6·25사변 때 우리 민족의 헐벗은 모습 그대로이다. 조상의 빈곤을 유산으로 받아 삶 자체가 그런 것인 양 살아가는 어린 아이들이 불쌍하다며, 그는 한 어린 남자아이에게서 군밤 1,000원어치를 사서 우리 일행에게 선심을 썼다. 남편다운 발상이다.

2000계단이 있는 황룡 동굴을 오르락내리락 하던 날 밤, 여행사는 발 마사지를 서비스로 제공한다고 한다. 전신을 원하면 만원만 추가로 지불하면 된다는 가이드의 말이다. 발만 하느냐, 전신을 하느냐를 놓고 또 입씨름을 했다. 우리 평생에 처음 있는 일이니, 전신을 하자고 하는 나에게 맘대로 하라며 수그러졌다.

밤 7시에 마사지를 받을 준비를 마치고 가벼운 옷차림으로 침대에 누웠다. 그들은 한약재 냄새가 나는 발통을 들고 들어 와서 우리에게 발을 담그라고 한다. 그 후 팔다리, 머리, 온몸을 주무르며 뭉친 근육을 풀어 주었다. 남편은 옆에서 연신 "좋다, 좋다"를 연발하였다. 70 평생에 이렇게 몸 풀어 보는 것이 처음이니, 얼마나 시원할까 하는 생각이 미친다. 물론 나도 처음 받아 보는 마사지였다.

그날 밤 군은 몸을 풀고 단잠에 빠졌다. 관광 마지막 날에 한약방, 잡화점, 차 판매점 등을 방문했으나 우리는 잡화점에서 하나에 1,000원짜리 손가방을 깎아서 1,000원에 두 개를 사서 들고 있을 뿐이었다.

아집과 고집으로 똘똘 뭉친 생각으로 가득 찬 남편의 가슴속 만리장성이 북경 여행으로 인하여 와르르 무너지면서, 더 넓은 세상을 바라보며 밟아 보려는 의욕이 솟구치기를 기대한다. 몇 십 년을 함께한 나에게도 그런 장벽이 보인다면 제발 무너지기를 고대한다.

(2005. 10. 25)

소 국

그녀와 나의 황혼이 이 소국을 닮으면 좋겠다. 세월이 갈수록 각자의 색이 더 고와지고, 그 향을 간직할 수 있다면, 삶의 가치가 있지 않을까!

화단 한쪽에 심어 놓은 소국이 올해에도 살포시 웃음을 머금고 가을바람을 맞이하고 있다. 뜨거운 여름날이 지나고 소슬바람이 불어 이슬이 내리는 때에 꽃봉오리가 터지면서 피기 시작한다. 고운 얼굴에 땀방울이 흐르는 것을 싫어해서인지 모르겠다. 온갖 꽃들이 정원에서 자태를 뽐내고 있을 때 소국은 다소곳이 잎만을 키우고 있었다.

잔디는 한 해의 일생을 마치면서 누렇게 떠 가고, 꽃들은 파티 후 사라지는 사람들처럼 그 모습을 찾을 길이 없다. 소국은 이때 피기 시작하여 쓸쓸한 정원을 자기만의 공간으로 넉넉한 삶을 즐기고 있다.

진녹색 잎 사이에서 뽀얀 얼굴을 내밀고 수줍은 듯 피어 있는 소국이 마치 한 폭의 그림 같다. 기온이 떨어지고 우리가 몸을 웅크리고 다닐 때 잎은 색을 바꾸며 마르기 시작하고, 꽃의 색깔도 이때부터 엷은 보라색으로 서서히 변해간다. 코를 바싹 대고 향기에 취해 본다. 향기는 변함이 없으나 엷은 보라색은 점점 그 색깔이 짙어가고 있다.

지금 그의 몸은 붉게 물든 후 바싹 말라 오그라진 잎들과, 곧았던 줄기는 힘을 잃어 사방으로 늘어져 휘청거리고 있다. 그럼에도 꽃은 더욱 짙은 보라색으로 변하여 그 색의 아름다움과 화려함을 자아낸다. 이 추운 엄동설한에 눈이라도 펑펑 쏟아지고 기온이 급강하 하면 저들은 어떤 대책을 가지고 있는 걸까? 백설이 만건곤할 제 독야청청한 성인의 모습을 닮으려는가. 환경이 나빠지면 적응에 더욱 힘쓰는 소국은 그 고통을 색으로 승화시켜 포장한다. 환경이 척박할수록 삶을 아름답게 가꾸어가는 소국처럼 이 세상의 모든 색깔도 진할수록 아름다우면 좋겠다.

애지중지하던 소국을 나에게 주고 아파트로 이사 간 그녀는 잘 지내는지. 들꽃과 잔잔한 소국을 좋아하던 그녀는 이웃이었다. 몸이 부실한 그녀는 정원에 야생화를 심고, 그들의 끈질긴 생명력에 대하여 가끔 나에게 들려주었다. 여러 종류의 소국을 키우던 그녀는, 나에게 준 이 소국의 색깔이 가장 아름다울 때 초대를 했다. 우리는 찬 공기도 마다하지 않고 정원에 깔린 돌 위에 주저앉아 세워진 정원석 틈에서 뿜어 나오는 그의 향기와 자태에 매료되었다. 따끈한 국화차로 몸을 녹이면서. 우린 때때로 퇴색한 날들을 들추어 이야기하면서 큰소리로 웃곤 하였다.

어느 날 그녀는 남편과의 약속으로 광화문 보도를 걷고 있었다. 비가 몹시 쏟아져서 우산을 힘겹게 들고 한 다리가 부실하여 지척이며 걸었다. 이때에 갑자기 한 남자가 우산 속으로 튀어 들어와 우산대를 낚아채며 "도와 드리겠습니다" 하더란다. 놀란 가슴을 안고 쳐다보니 아들뻘 되는 나이라고 했다. 웨이브 있는 긴 머리에 몸이 가냘픈 그녀가 처녀인 줄 알았던 모양이다.

이사하기 전날 밤, 예쁜 화분에 소국을 담아서 나에게 건네주었다. 자기가 보고 싶을 때 그것을 보란다. 그녀가 좋아하는 것이므로 극구 사양했으나 자기보다 내가 더 좋아한다면서 기필코 내려놓고 갔다.

소국의 꽃봉오리가 터지기 시작하여 눈 속에 갇힐 때까지 그녀의 모습도 함께 어우러져 있음을 본다.

그녀와 나의 황혼이 이 소국을 닮으면 좋겠다. 세월이 갈수록 각자의 색이 더 고와지고, 그 향을 간직할 수 있다면, 삶의 가치가 있지 않을까!

정원을 휩쓰는 세찬 바람 한 자락에 보라색 소국은 안간힘을 다하여 휘청거리는 줄기를 붙들고 있다. (2004)

가지치기

빨리 계절이 바뀌어 그들의 아픔을 파릇파릇한 싹으로 대신할 봄을 기다려 본다.

여름 동안 웃자란 나뭇가지들이 서로 키를 자랑하며 키 재기를 하고 있다.

소슬바람이 불어오자 잎들은 곱게 색을 칠하기 시작했다. 붉은색, 주황색, 자주색, 노란색 등…. 잎들의 화려한 변신에 나뭇가지들은 넋을 잃고 그 화려한 옷차림에 푹 빠져 있다. 매일 무도회가 열리는가 했는데, 찬바람이 몇 차례 정원에서 소용돌이를 치면서 그 잎들을 가슴 그득 넘치도록 품어 안고 사라졌다. 이제야 말로 자기의 위용을 나타낼 만도 한데, 그들은 시들해졌다. 이때 주인은 그들을 바라보며, 웃자라서 균형이 깨어졌다고 생각했다. 이틀을 곰곰이 생각하던 그는 가지치기를 시작했다. 자랄수록 좋은 것이 아니며, 다음해 열매를 맺는데 도움이 되지 않는 것은 잘라야 한다. 사흘 만에 나목들의 키는 엇비슷하게 되어 뽐낼 일이 없어졌다.

잘라 버려진 잔해를 보면서 지난 여름 너무 욕심껏 양분을 취하지 않았나 생각해 본다. 옆에 나무 자체가 문제가 있을 수도 있지만, 생각하기에는 실한 나무 자체가 과잉 양분 섭취로 인하여 그 옆에 있는 나무가 비실비실하는 것 같다. 조금 덜 취했더라면, 자신도 잘라 버려지는 일은 없으며, 옆에 친구도 영양 부족으로 비실거리지는 않을 텐데….

얼마 전 건강관리 공단에서 날아온 검진표를 받고, K대 부속병원으로 갔다. 저녁 식사 후 가끔 갈증이 생겨서 혹시 당뇨가 아닌가, 의심이 들었다.

검진을 마치고 나오는데 "2주 후에 검진 결과를 댁으로 우송해 드립니다" 했다. 병원 문을 나오면서 생각해 보았다. 요즈음 음식을 과하게 먹지는 않았는지. 연말이라고 12월에 들어서면서 자주 외식이 있었다. 외식은 몸무게 늘리는 주범이다. 이 때문일까? 당뇨로 인하여 매일 인슐린 주사를 맞는 친구의 얼굴이 갑자기 떠오른다. 식사 시간이 조금만 지나면 그녀는 허기를 못 참고 음료수라도 마셔야 된다. 체중 조절을 위하여 그녀는 아침에는 조깅을, 저녁에는 아쿠아로비를 한다. 그래도 몸무게는 줄지 않으니 음식을 과잉 섭취하나 보다.

요즈음 좀 산다는 나라에서는 어른과 아이들에게 비만과 당뇨병이 위험 수위에 달해 있다. 반면에 지구의 한쪽에서는 기아에 허덕이며 매일 죽어가는 어린이의 수를 헤아리기 어려울 정도이다. 인간의 과욕이 저지르는 한 단면이다. 어떻게 우리는 분배를 잘할 수 없을까? 잘된 분배로 서로 미소 지으며 보기 좋은 몸매를 자랑할 수는 없을까? 이를 위하여 인간의 마음 가운데 있는 과욕의 나무에 가지치기를 먼저 하여야겠다. 가슴 속에 비집고 들어갈 공간의 여유가 없어 우리는 과욕의 나무를 살찌우면서 키를 키우고 있다. 소슬바람도, 훈풍도, 산새의 속삭임도 그 속에는 들어갈 수가 없다. 비대한 몸에서는 거친 숨소리만 나오고 있다. 그 호흡으로 인하여 누가 질식할지 모르겠다.

이는 남의 이야기가 아니라, 나에게 하는 말이 아닌가. 우리나라에도 끼니를 거르는 아이들이 있고, 북한에는 굶주림으로 인하여 죽어간 사람의 수가 엄청나다고 한다. 그들에게 나는 얼마나 베풀었는가. 부끄럽기 짝이 없다. 가지치기를 당한 나무만 나무랄 일이 아닌가 싶다.

2주 후 검진 결과표가 배달되었다. 건강은 정상A(건강 양호)이나 저지방 식이 요법과 규칙적인 운동을 권하며, 운동과 식이 요법으로 체중 관리를 하란다. 오늘부터 저녁 굶식(?)으로 체중도 줄이고 한 끼분의 쌀을 모아서 구제미로 보내겠다는 생각을 해 본다. 고목의 가지치기는 그 연륜 만큼이나 힘이 들고 용을 써야 한다. 건강관리 또한 똑같다. 우리는 어린 시절부터 과욕의 자지치기를 하여 비대해지는 것을 막아야겠다. 분배의 기쁨도 익히면서 말이다. 나무는 잘라 내어서라도 인간이 그 문제를 해결하여 줄 수 있건만, 자유롭게 행동할 수 있는 사람은 몸이 불어나도 잘라낼 수 없으니 아이러니하다.

잘라져 나가 속살을 하얗게 내어 놓고 있는 나목들의 가지가 내년을 위해 고통을 지니고 서 있다. 빨리 계절이 바뀌어 그들의 아픔을 파릇파릇한 싹으로 대신할 봄을 기다려 본다. 꽤 괜찮은 기분이다. 오늘 결단한 굶식이 끝나고 체중 OK 판정이 나는 날 기분은 이보다 훨씬 맑음이겠지. 지금 누구 약 올리는 거냐고 살찐 친구가 곱게 흘겨보는 것 같다.

정원 주인의 취미에 맞게 비스름해진 나목들 위로 겨울바람이 씨잉 씨잉 지나간다. (2006. 3)

2

자갈밭에 핀 국화

당신의 눈망울

사슴의 눈망울을 닮은 당신이여!
靈魂의 소리가 그 눈빛에 어려 있네.
맑고 透明한 눈망울!
어찌 다 表現할 수 있으리오.

주님 닮아 선한 당신이여!
오늘도 놓칠세라, 그를 좇아 달려가는
당신의 발자국을 봅니다.

裸木 위에서 떨고 있는 산새 한 마리,
당신의 눈길이 닿을 테지요.

틈

어찌됐든 내게 틈이 있다는 것을 사랑하고 지내야 될까 보다. 아니 삭막한 세상에 나 자신이 상쾌한 틈이 되어 주는 삶을 살 수 있었으면 좋겠다.

외출을 하고 돌아와 보니 싱크대가 말끔해졌다. 남편이 치운 모양이다. 아침에 서둘러 나간다는 핑계로 몇 분이면 끝낼 설거지를 미룬 채 집을 나섰다. 집안 청소도 규칙적으로 해야겠지만 이 일에도 크게 신경 쓰지 않는다. 청소를 하는 대신 음악을 듣거나, 못다 읽은 책을 끝내려고 붙들고 있기가 일쑤이다. 이 때문에 가끔 한 방을 쓰는 남편이 진공청소기를 들고 다니며 씩씩거린다.

외출시 다 준비하고 대문을 나섰는데 스타킹에 줄이 간 것을 발견할 때가 있다. 안 본 것으로 하고 그냥 외출을 강행한다. 누가 보고 뭐라 하면 "응, 못 봤네요." 하면 그만이다. 어디 초대 받아 식사 한 번 해도 꼭 갚아야 되겠다는 생각도 별로 안 한다. 어쩌다 어울려 갚을 기회가 되면 자연스런 마음으로 식대를 내면 된다. 배려해서 온 물건에 대하여 꼭 상응하는 것을 주어야 하겠다는 다짐도 안 한다. 이 모든 것은 내가 완벽주의자가 아니기 때문이다. 틈이 많은 셈인데 오히려 이 때문에 행복하다.

2년 전에 떠난 선배가 생각난다. 성격상 틈이 없는 그녀이다. 누구에게도 약점을 보이지 않을뿐더러 누를 끼치는 일이 없다. 가족관계, 친구 관계, 선후배 사이, 직장과 사회에서도 완벽하기만을 바라는 사람이다. 그를 만나는 사람마다 칭찬을 아끼지 않는다. 훌륭한 분이라면서 말이다. 그러나 오래 사귀는 분들일수록 틈이 없어서 숨이 막힌다고 한다. 받은 것은 그에 상응하는 것으로 꼭 갚아야 하고, 모든 일에 세심하여 결코 기억하지 않는 것이 없다. 만남이 있는 사람들의 기호와 버릇까지 기억했다가 삶 속에서 배려를 하여 상대방을 놀라게 한다. 이 때문에 혹자는 감탄한다.

어찌됐건 그녀의 삶은 많은 것을 이루어 놓고 갔다. 결혼하여 두 아들을 잘 키웠고, 자신의 전공인 미술에 끊임없이 정진하여 화가로서 명성을 얻기도 했다. 뿐만 아니라 미술 교과서를 집필하여 세상에 남겨 놓고, 아깝게도 너무 일찍 세상을 버렸다. 틈이 너무 없어 터져 버렸나 하는 생각이 스치고 지나갔다.

새벽 내내 장대비가 쏟아진다. 하늘 문이 통째로 열려진 듯하다. 더위에 늘어졌던 초목은 완전히 생기를 되찾았다. 오히려 빗물로 인하여 잎의 무게를 지탱하지 못하고 나뭇가지가 휘어져 아래로 축 늘어져 무게를 더한다.

거실에서 간헐적으로 뚝뚝 물방울 떨어지는 소리가 들려온다.

웬 물 떨어지는 소리가 들리나 싶어 잠이 덜 깬 상태에서 더듬거리며 거실로 나왔다. 화장실로 들어가는 천정에 방울방울 물이 맺혀 있다가 거실 바닥에 뚝뚝 떨어진다. 마치 릴레이 시합이라도 하듯이 매달린 물방울들이 하나 떨어지면 다음 것이 떨어지고, 또 맺힌 것이 떨어지고 하여 리드미컬한 음을 내고 있다. 서둘러 양동이를 가져다 놓았다. 소리는 더욱 요란해졌다. 남편을 깨워서 보라고 했다. 그는 놀라서 비옷을 챙겨 입고 2층으로 올라간다. 얼마 후 내려와서 "틈이 보이지 않는데! 어디서 새는지 도무지 알 수가 없다"고 했다.

비가 멈춰야지 사람을 불러올 텐데, 난감하다. 속수무책인 우리는 유리창에 세차게 부딪쳐 흘러내리는 빗물을 원망스런 눈초리로 바라만 보고 있었다. 그래 틈으로 흐르겠지? 틈의 피해를 처음 느껴보는 기분이다. 이틀 후 날씨가 개어서 방수하는 분을 불렀다. 비가 새어 얼룩 진 천정을 보여 주며 방수를 부탁했다.

두 사람이 슬라브 지붕 이곳저곳을 살펴보고 난 후에 2층 베란다를 샅샅이 살펴보면서 틈을 찾으려고 한다. 베란다에서 틈을 찾았는지 그들은 방수액과 시멘트를 가지고 올라가더니 한나절 일을 하고 돌아갔다. 틈을 모두 막았나 보다. 이제 비가 와도 큰 걱정은 없을 것 같다. 틈은 틈이로되 정신적인 틈하고는 다르니까 잘 막았어.

오늘 아침도 여전히 집안 일거리를 약간은 남겨둔 채 외출을 서두른다. 틈은 여유가 아닐까 한다. 한숨 돌릴 수 있는 여유 말이다. 그 이유만으로도 나는 틈 있는 사람들을 좋아한다. 예의를 다 갖추지 않아도, 약속 시간에 좀 늦어도 미소로 반기는 이들. 바쁜 발걸음에도 곁눈질하여 기쁨을 얻을 수 있는 이들이 좋다. 그들의 마음 가운데 넉넉한 여유로움이 작은 행복을 주기 때문이다.

허나 건물에는 틈이 있으면 불편함이 이만저만이 아니다. 뿐만 아니라 제방인 경우 그 둑이 무너질 수 있는 엄청난 재앙을 가져올 수 있기 때문이다. 우리가 살아가는 세상사도 틈이 있어 좋을 때가 있고, 틈 때문에 큰일을 망칠 수도 있다. 무분별하게 틈을 내는 것은 곤란하겠지만 때때로 바람이 통할 만 한 것은 숨통을 트이게 하며 신선한 공기가 유입되는 통로가 되리라.

어찌됐든 내게 틈이 있다는 것을 사랑하고 지내야 될까 보다. 아니 삭막한 세상에 나 자신이 상쾌한 틈이 되어 주는 삶을 살 수 있었으면 좋겠다. (2005. 7)

선 택

두 분이 한국을 택한 동기는 알 수 없으나, 이방인이 우리에게 남긴 유산은 물적, 영적으로 막대한 것이다. 민들레 홀씨의 피곤한 여행 끝에 선택한 그 나무의 밑동 틈바구니가 두 분에겐 한국이 되었으며, 노란 화환은 그들 삶의 결실이리라.

세 갈래의 큰 줄기를 뻗어 올린 실버들 나무 아래 비좁은 공간에서 민들레는 노란 꽃잎을 나풀거리고 있다. 실버들 나뭇가지들은 세팅한 여인들의 긴 머리카락처럼 땅을 향하여 늘어져 있고, 연녹색 잎들은 해풍의 입맞춤에 작은 속삭임으로 응하고 있다.

길섶이나 보도블록 틈 사이 어디서나 볼 수 있는 흔한 것이 민들레 아닌가. 헌데 지금 보고 있는 이 민들레는 흔한 그것이 아니다. 귀한 그릇에 담겨 있는 보물이다. 뿌리 내린 곳이 땅바닥이 아닌, 나무 틈바구니로 선택하였기 때문이다.

민들레는 초록색 잎을 사방으로 펼치고, 그 가운데 연갈색 줄기를 올려 머리에 노란 화환을 쓰고, 왕족처럼 도도한 모습으로 창공을 올려다보고 있다. 여기가 바로 천리포 수목원이다.

천리포 수목원은 미국인 칼 페리스 밀러 박사가 평생을 바쳐 조성해 놓은 아름다운 곳이다. 그는 1945년 연합군의 중위로 한국을 처음 찾았다. 그 후 62년에 땅 2천 평을 샀고, 70년에 수목원을 조성하기 시작했다. 당시 그의 나이 50세였다. 79년에 재단 법인으로 인가를 얻으면서 18만 평으로 확장되었다. 59세 되던 해에 한국으로 귀화하여 이름도 '민병갈'이라 개명을 했다.

그는 펜실베이니아에서 태어났다. 고향의 블루베리를 잊지 못해 수목원 한편에 블루베리 나무를 심어서 향수를 달랬다. 평생을 독신으로 살면서 나이 50에 새로운 삶에 도전한 배경은 무엇일까 궁금하다. 젊은 나이에 한국을 찾았을 때, 그의 가슴속에 묻힌 로맨틱한 일은 없을까?

그의 고향인 펜실베이니아는 숲이 울창하여 야생 동물들이 넓은 숲을 누비며 살고 있는 아름다운 곳이다. 중년에 척박한 한국을 택하여 혼신을 다하여 나무를 심고 가꾸며 힘들게 삶을 영위한 내면의 세계에 호기심이 발동한다. 기후와 음식과 풍습이 다른 이 땅은 그에게 나그네의 삶이 아니었던가! 고향에서 연인을 잃었을까? 아픈 상처를 먼 이국땅에 묻으면서 한 그루 한 그루의 사랑을 가꾸었는가! 말년에 흰 눈 쌓인 수목원을 걸으면서 그는 무엇을 생각했을까? 그의 선택에 대하여.

민 박사를 생각하니 떠오르는 분이 있다. 미국인 할머니 R씨이다. 60이 훨씬 넘은 그녀가 어느 날 상기된 모습으로 내 앞에 나타났다. 얼굴에는 수줍은 미소까지 띄우면서 약혼을 하기 위해 미국에 간다는 것이다. 나는 깜짝 놀라면서 웃음까지 터트렸다. 순간 그녀의 얼굴은 더욱 붉어졌다.

그녀가 의대에 다닐 때 열렬히 사랑하던 남자가 있었다고 했다. 그렇게 사랑했던 그는 다른 여학생과 결혼을 했단다. 그 후 그녀는 홀로 살 것을 결심했고, 그때까지 선교사의 길을 수십 년간 걸어왔다. 민 박사의 가슴 속에 R씨와 같이 평생 잊지 못할 사람이 있지는 않았는지. 이는 민 박사에 대한 나의 단순한 상상일 뿐이다.

두 분이 한국을 택한 동기는 알 수 없으나, 이방인이 우리에게 남긴 유산은 물적, 영적으로 막대한 것이다. 민들레 홀씨의 피곤한 여행 끝에 선택한 그 나무의 밑동 틈바구니가 두 분에겐 한국이 되었으며, 노란 화환은 그들 삶의 결실이리라.

내가 선택한 삶은 무엇을 남기고 있는가? 부끄럽기 짝이 없다. 인간의 본능적이고 기초적인 생활 이외에는 이루어 놓은 것이 없다. 민 박사와 R씨를 보면서, 지난 세월을 돌아보며 남은 세월을 계수한다. 남은 세월을 아끼고 늘여서, 나의 삶으로 인하여 후손들이 더욱 행복해질 수 있도록 노력하여야겠다. 이를 위하여 어떤 선택이 필요한지 고민해야겠다.

9,730여종의 나무가 있다는 수목원을 다 돌아보고 나오려는데, 연못에 떠 있는 수련 위에 작은 새 한 마리가 살포시 앉는다. 민 박사의 영혼이 맴도는 듯하다.

멀리서 노란 민들레꽃이 환히 웃는다. (2005)

동 행

그들의 발걸음은 십자가의 불빛이 건물을 에워싸고 있는 곳으로 옮겨졌다.

영하 14도라고 한다. 새벽에 바람까지 세차게 불어오니 체감 온도는 더 아래로 내려갔다. 어두운 거리에는 인적이 드물다. 일찍 출근을 서두른 차들이 가끔 버스 뒤를 따르며 앞지르기를 하려고 기우뚱거린다.

찻길 옆 보도 위를 걷는 두 사람이 보인다. 한 사람은 검은 오리털 점퍼를 입었으며, 점퍼에 달린 모자로 이마까지 푹 짓눌렀다. 그 옆에 나란히 걷는 다른 사람은 알록달록한 꽃무늬가 있는 여러 색깔의 바탕색이 깔려 있는 점퍼를 입었으며, 역시 옷에 달린 모자로 얼굴의 반은 가리고 있다.

이 추운 날 뼛속까지 파고드는 칼바람을 맞으며 같이 걷고 있는 저들은 누구인가? 호기심이 든다. 그들과 대여섯 보 떨어져서 뒤를 따랐다. 내가 가고자 하는 방향으로 그들은 계속 앞서 가고 있었다. 30여분이 지났을까! 그들의 발걸음은 십자가의 불빛이 건물을 에워싸고 있는 곳으로 옮겨졌다.

그들을 따라 건물 안으로 들어갔을 때, 두 사람은 모자를 오른손으로 벗어젖히며, '휴우' 하는 거친 숨소리를 뿜어내었다. 그제야 그들이 누구인지 알아보았다. 2년 전에 금혼식을 치룬 노부부이다. 4남매를 잘 키워서 결혼시켰고 손자들과 손녀들이 집으로 다 모이게 되면, 집이 무너질까 두렵다고 했다. 할아버지는 오랜 교직 생활을 명예롭게 퇴임하셨고, 할머니는 집안에서 조용히 자녀들 뒷바라지에 애써 오신 분이다. 넉넉지 않은 살림살이를 꾸려온 할머니답지 않게 꿋꿋하고 밝은 모습이다.

할아버지는 애주가였으므로 할머니뿐만 아니라 가끔 만나는 동네 분들에게도 애를 먹게 하셨다. 바쁜 아낙네들을 붙들고 한없이 넋두리를 하시면, 피할 수도 없고 말씀이 어눌해질 때를 기다려, "바빠서 가보겠습니다. 조심해서 가십시오." 하는 말꼬리를 남기고, 걸음아 날 살려라 하며 그 자리를 피하곤 했다.

퇴직 후 노인은 많이 달라졌다. 젊어서 하지 못한 일들을 배우며 한편 사회봉사에도 참가한다. 또한 할머니가 하는 교회 봉사에 그림자 되어 늘 뒤에서 돕는 분이 되었다. 두 분이 70세가 넘어, 이제는 교회 봉사도 손을 놓게 되었고, 새벽 기도로 후원하실 생각인가 보다.

그들은 한국의 정치, 경제, 교육, 문화의 소용돌이 속에서 오늘에 이르렀다. 파도 없는 잔잔한 바닷가를 걸어온 양, 의연한 노부부의 뒷모습이 아름답다. 십자가상 앞에 나란히 앉는다. 고개를 숙여 조아리고, 마음을 모아 주님 앞에 기도드린다.

"지금까지의 삶을 감사합니다. 우리 노년의 삶이 아버지께 누가 되지 않게 하옵소서. 자식들에게는 짐이 되지 않게 하옵소서. 자식들이 잘 살 수 있는 이 나라가 되게 하옵소서! 예수 믿어 번창하는 축복을 한반도에 내려 주소서! 주님! 우리와 동행하심을 감사드립니다."

노부부의 기도가 얼마나 더 길어질지 모르겠다.

고개 숙인 그들의 머리에 흰 백발이 듬성듬성 힘없이 늘어져 있다. 밖은 아직도 어둠에 쌓여 있고, 세찬 바람은 교회당 유리를 깨려는지 으르렁거린다. (2006. 2. 3)

안개비

안개비는 물체를 감싸며 시야를 흐리게 한다. 나와 떨어져 있는 것들과의 거리도 가늠할 수가 없다. 나의 몸은 소리 없는 그의 물기로 점점 젖어 들고 있다.

한낮에 산에 오른다. 햇볕이 쨍쨍한 날에는 생각도 못할 일이다. 오늘은 안개비가 살포시 내려 앉아 대지를 적시고, 해는 어디에 있는지 알 길이 없다.

이런 날 한낮에 산에 오르는 것은 호젓한 기분을 만끽하고자 함이다. 아침 일찍이나 점심시간 후에는 많은 사람들이 운동을 하기 위해 오른다.

어제까지만 해도 산골짜기에 쌓여 있던 눈이 안개비로 인하여 거의 다 녹아내리고 있다. 산 중턱쯤 올랐을 때 몸통을 완전히 기억자로 휘어 누워 있는 적송 한 그루를 만났다. 어떻게 저런 모습이 되었을까? 곁가지들은 그 몸통에서 빠져나와 똑바로 창공을 향하고 싶으나, 그들의 생각대로 안 되는 모양이다. 역시 땅을 향하여 늘어져 있으며 솔잎들은 반항이나 하듯이 삐죽삐죽 몸을 비비며 위로 향한 것, 옆으로 누운 것, 아래로 향한 것 등이 보인다. 땅에 떨어져 갈색 낙엽으로 짓밟힌 솔잎들의 몸체가 처연하게 부서져 있다. 어림잡아도 수십 년은 살아온 듯하다. 몸의 고통을 누구에게 말이나 했을까? 그저 그렇게 아픔 가운데서 살아가는 것이 삶이려니 하고 노송은 지냈으리라.

발걸음이 옮겨지지 않아 한참을 바라보며 서 있었다. 하소연을 기다려 보나, 그는 침묵할 뿐이다. 산까치가 까악 까악 발길을 독촉한다. 정신을 가다듬고 계곡을 향하여 올랐다. 짙은 안개비로 인하여 시야가 흐려진다.

지난 가을에 퇴색한 잎들이 떨어지지 않고 나뭇가지에 매달려 물기를 머금고 젖어 있다. 가야 할 시기에 가야 되는데, 그들은 무슨 미련 때문에 저토록 험악한 모습으로 매달려 있는가. 봄이 오면 그들이 머물던 자리에 파릇파릇 새싹이 나오련만. 그들 때문에 새싹들은 더 많은 에너지를 분출하여야 될 것 같다. 새싹을 위하여 회오리바람 몰아쳐 그들을 다 떨어지게 했으면 좋겠다. 잔인한 생각인가.

산 정상이 휘휘하다. 가끔 산새가 오가며 나무 가지를 간지럽힌다. 휘젓는 가지를 보며 상큼한 목소리로 높은 톤의 기쁨을 쏟아내고는 높이 떠오른다. 수많은 사람들이 머물고 있는 집들을 내려다본다.

오늘은 저들이 무엇을 하며 치닫고 있을까? 흰 머리카락 삐끔 삐끔 솟아 나오는 것도 모르는 채 컴퓨터 앞에서 세계를 주무르며 마음을 쏟아 붓고 있을 것이다. 세월은 그들의 발걸음을 뜀박질하게 한다. 골인할 징표도 꽂아 주지 않고 말이다. 헐떡이는 그들의 숨소리가 정상까지 미치는 듯하다.

안개비는 물체를 감싸며 시야를 흐리게 한다. 나와 떨어져 있는 것들과의 거리도 가늠할 수가 없다. 나의 몸은 소리 없는 그의 물기로 점점 젖어 들고 있다. 등에 한기를 느낀다. 발뒤꿈치를 들어올려 심호흡을 크게 해본다.

나목들과 누런 풀잎과 잔설이 안개비에 젖어 물기를 빨고 있다.

태양아! 나오거라! 너의 뜨거운 광선으로 샤워하리라.

(2006. 2. 14)

준 비

병실에 누워 있는 환자 자신도 우리가 계수(計數)하는 시간을 초월하여 영원의 세계로 향할 준비를 하고 있을 것 같다.

황사로 인하여 시야가 흐릿한 오후다. 가로수와 길가에 세워 둔 차들이 누런 흙먼지를 뒤집어쓰고 있다. 바람이 불어와 눈 속에 먼지를 집어넣는 것 같다.

우리 일행은 B병원으로 향하고 있다. 일 년에 한 두어 번은 물리치료를 받기 위하여 병원에 입원하는 분을 위문 가는 길이므로, 가벼운 마음으로 병원 안으로 들어섰다. 오래 전에 뇌졸중으로 쓰러졌으나 그동안 부자연스런 몸과 친구 되어 잘 지내고 계신 분이다. 자신을 좀 더 자유롭게 하기 위하여 부단히 노력하여 왔고, 이에 부인의 지극한 보살핌이 있어서 그는 늘 만족한 미소를 보여 왔다.

외출을 잘 못해서인지 피부색은 하얗고 얼굴은 홍조(紅潮)를 띠고 있다. 그러나 기회가 만들어지면 친구들과 제주도까지도 간다. 그의 손에 지팡이만 없다면 그를 환자로 보는 사람은 없다.

병원 문을 들어서자, 원무과 앞에는 많은 환자들과 보호자들이 대기하고 있다. 우리 일행은 엘리베이터 앞에 섰다. 문이 열리자 기다렸던 사람들이 와르르 안으로 몰려 들어갔다. 만원이라는 표시와 함께 삐 소리가 울리자, 서로의 얼굴을 바라보며 눈치를 살핀다. 우리 일행 중 한 분이 눈짓을 하며 내렸다.

간병인이 환자의 침상을 정돈하다가 우리를 맞이한다. 잠 좀 잤느냐, 식사는 했느냐는 부인의 질문에 환자는 눈만 끔벅일 뿐, 말이 없다. 답변이 없자 간병인이 대답을 한다. 잘 못 잤고, 식사도 못하였다고. 영양제인지 맑은 액체가 담겨 있는 큰 비닐 주머니에서 한 방울 한 방울씩 떨어져 그의 팔에 꽂혀 있는 투명한 호스로 내려가고 있다. 방문자들이 한 분 한 분 그에게 다가가서 인사를 하나 말이 없다. 오직 그들을 뚫어지게 응시한다.

우리는 성경책을 꺼내어 찬송가를 부르고 말씀을 본 후 주님의 은혜 가운데 그가 평안하기를 위하여 기도한다. 그의 모습은 예전 그대로다. 피부색도, 홍조를 띤 볼도…. 다만 미소만 간 곳이 없다. 큰 눈동자는 여전히 우리들 위에 꽂혀 있다. 우리가 찬송가를 부를 때 그도 함께 하고픈 눈빛이었으나 몇 번 입술만 움직거리다가 그만 체념한다. 잠을 좀 청해보라는 말을 남긴 채 부인은 우리와 함께 자리를 떴다.

늦은 점심을 먹으면서 부인은 앞날을 이야기한다. 할일을 찾아야 될 것 같아서 생각하고 있다고 한다. 그녀는 차분히 재산 정리도 하고 있는 듯했다. 얼마 전에는 가지고 있던 부부 명의의 상가빌딩을 처분하여, 새로운 상가를 사서 두 자녀의 명의로 등기를 마쳤다. 재산 정리를 못하고 떠난 후 싸움에 휘말리는 가족과 자녀들을 심심찮게 본다. 이에 비하면 그녀는 준비성이 꽤 있는 사람이다.

사회에 도움이 될 만한 것을 찾던 그녀는 일주일에 두 번 호스피스로 봉사하고 있다. 다른 사람들의 임종이 평안하기를 바라는 마음이 바로 남편에게 바라는 것이 아닐까 한다.

꽤 오래된 일이다. 우리는 여전도회 수련회로 1박 2일의 여정을 마치고 아주 늦게 서울에 도착하였다. 2박 3일의 코스를 무리하게 당겨서 다녀왔으니 모두들 피곤을 느꼈고, 게다가 지방에 가서 싼 듯하여 사온 산나물이며 잡곡 등으로 짐 보따리가 꽤 컸다. 교회에다 내려 주었던 탓에 택시를 타려면 좀 걸어 나와야 했다. 어둠은 칠흑 같고 짐 보따리가 무거워서 난감한 표정을 짓고 있는데, 어디서 경적 소리가 요란하게 울렸다. 소리가 나는 쪽을 바라보니 낯익은 차가 와 있었다. 순간 반사적으로 보따리를 양손에 들고 차 쪽으로 향했다. 차 안에는 그녀의 아들과 남편이 앞좌석에 나란히 앉아서 피식 웃고 있었다.

"어머나! 당신 웬일이유? 너는 바쁜 애가 어떻게 여기를 왔어? 응?" 로또 복권에라도 당첨된 듯한 기쁨이 넘치는 웃음 섞인 그녀의 질문에 아들은 답했다.

"글쎄, 바쁘다고 해도 아버지가 막무가내로 오자고 해서 왔어요." 덕분에 그날 나도 편안하게 올 수 있었다.

식사를 하는 동안 그녀의 모습을 자꾸 살핀다. 미래를 준비하는 모습이 아름답기도 하고 처연하여 가을을 느끼게도 한다. 허나 낙엽의 방황은 엿보이지 않는다. 다행스럽게 생각된다. 다가오는 일들이 걸림돌 없이 흘러가도록 길을 마련하면 좋겠다. 병실에 누워있는 환자 자신도 우리가 계수(計數)하는 시간을 초월하여 영원의 세계로 향할 준비를 하고 있을 것이다. 마무리를 곱게 하고픈 그들의 소망이 이루어지기를 바란다.

인간은 '호모 에스페란스(Homo Esperans)'라고 한다. 즉 희망으로 사는 존재라는 뜻이다. 두 사람이 가야 할 길은 다르지만 미래를 향한 준비와 희망으로 교차로의 신호를 잘 보면 좋겠다.

찻길에 오가는 차들은 신호등에 켜지는 불빛에 따라 흐르고 있다. 누렇게 뒤집어 쓴 황사로 온통 거리가 한 색이다. 인도를 바삐 오가는 사람들은 흰 마스크로 입을 봉한 채 머리카락을 바람에 맡기고 땅을 내려다보며 종종걸음을 걷는다. 마스크를 준비 못한 사람들은 한 손으로 입을 막고 다른 손엔 짐을 든 채 비척거리며 황사를 피하고 있다. (2006. 4. 7)

남의 삶을 도적질한 사람

정말 어처구니없고 끔찍한 일이다. 2000년도에 그렇게 어마어마한 사기를 친 놈이 다시 같은 수법으로 남의 피땀 흘려 쌓아온 삶을 송두리째 빼앗아 살고 있으니!

아들이 내일 홍콩으로 인터뷰를 하러 간다고 한다. 도이취 뱅크에서 스카웃 제의를 받고 응하였더니 항공권과 호텔비 등 제비용을 보내왔다고 한다. 조심해서 잘 다녀오라는 말을 아들에게 했다.

다음날 오후 6시쯤 며느리에게 전화를 걸었다. 애비는 잘 도착했느냐고 물었다. 이때 며느리는 힘없이 "애비가 집에 있어요" 했다. 깜짝 놀라서 어떻게 된 일이냐고 물었다. 오늘 낮에 출국하려고 공항에 나갔는데 여권이 분실되어 다시 발급 받았으나 그 여권이 아니라고 출국 금지되었다는 것이다. 분실한 일도, 다시 발급 받은 일도 없다고 하여도 공항에서는 확인할 길이 없어 집으로 그냥 왔다는 것이다. 그날은 일요일이니 여권 업무를 담당하고 있는 외교 통상부에 연락할 길도 없다는 것이다.

속에서 울화가 치밀어 올라왔다. 외교 통상부에 전화를 하였다. 여권과 직원을 바꿔 달라고 했다. 아들의 상황을 설명하고 내일 아침 9시까지 여권과로 가기로 약속을 하였다. 아들과 함께 여권과 과장을 만나서 사실을 이야기했다. 과장은 미안하다며 여기저기 전화를 걸었다. 드디어 그는 수원에서 아들의 이름으로 여권이 재발급 된 사실을 알아내었고 출입국 관리소에 전화를 걸어서 아들을 즉시 출국할 수 있도록 했다. 분실한 사람에게 전화 한 통화만 하였어도 이런 일은 안 일어나지 않겠느냐고 항의를 하였다. 공무원들의 안일한 일처리가 서민들에게 엄청난 화를 가져오고 있다는 사실을 인지해 달라고 했다. 사무실을 나오려는데 담당 과장은 다시 고개를 숙여 사과를 한다.

아들은 그날 아침에 출국은 하였지만 어제 오후에 있을 고위층과의 인터뷰는 무산되었다. 그의 삶에 큰 터닝 포인트가 될 기회를 공무원들의 안일한 일 처리로 인하여 잃었다.

그 후 몇 개월이 지나서 아들에게 다시 큰 사건이 발생하였다. 아들의 아파트를 담보로 8천만 원을 대출하였으니 그 이자를 갚으라는 독촉장이 날아왔다. D생명보험사에서 받은 것이다. 우리는 혼비백산하였다. 어떻게 이런 일이 일어날 수 있단 말인가? 아들의 주민등록초본, 인감증명서 등을 제출하고 대출을 받았다. 카드도 아들의 이름으로 몇 개를 만들어 썼는지 알 수가 없었다. 어떤 놈의 사기 행각인지 끔찍하고 소름이 끼쳤다. 어떤 대책을 세워야 할지 캄캄하기만 했다.

그때 부천경찰서에서 아들한테 전화가 왔다. 남의 차를 훔쳐서 고속도로를 달리다가 잡힌 놈인데, 검문을 하다 보니 옛날에 댁의 이름으로 여권을 받아서 댁의 행세를 하고 다닌 녀석이라고 했단다. 아들은 그 녀석이 범인으로 추측되어 담보 대출에 대한 이야기며 이름을 도용하여 카드를 만들어 사용한 것들을 경찰에게 자세히 설명을 했다. 그 일로 인하여 아들은 6개월 이상 신경을 곤두세우며 뒷처리에 몰두했었다. 인천 지법에서 그 녀석은 사기죄로 구속, 감방 생활을 한 것으로 알고 있다.

며칠 전 제주도 경찰서에서 아들의 사무실로 형사가 찾아 왔단다. 제주도에서 고소된 놈이 있는데, 아들의 이름으로 학교 졸업증명서, 성적 증명서를 제출하여 취직을 하였단다. 동거 여인과의 사이에 아이를 낳았는데 호적에 올리려다 동거 여인이 수상하게 여겨 뒷덜미가 잡힌 것이다. 그 여인도 그놈한테 사기를 당했다며 고소를 한 것이란다. 그녀가 아니었다면 아들의 호적에 얼굴도 모르는 아이의 이름이 올려졌을 뻔 했다.

정말 어처구니없고 끔찍한 일이다. 땀 흘리지 않고 남의 삶을 송두리 체 빼앗으려는 헛된 욕망과 공직에서의 의무를 성실히 이행하지 않는 공직자들로 인하여 오늘도 충실하게 참된 삶을 쌓아가는 사람들의 꿈이 허물어지지 않기를 간절히 바란다.

(2008. 6. 7)

생명을 맡긴 그날

꿈속에서 누군가의 손이 옆구리에 살포시 얹혀졌다. 퍽 따스한 느낌이 든다. 여호와 라파되시는 그분의 손길인 듯싶다. 아쉬운 가운데 잠이 깨었다.

회색빛 하늘이 낮게 내려 앉아 있다. 검은 비구름은 푸른 산봉우리의 허리를 휘감고 서성인다. 가로등은 창백한 불빛으로 어둠을 쫓아내고 있다. 가끔 승용차의 헤드라이트가 터널 안을 더듬으며 빨려 들어간다.

불을 끈 병실에 흰 가운을 입은 간호사만이 환자의 상태를 점검하기 위하여 가끔 둘러보고 간다. 핸드폰에서 6월 29일 5시의 알람이 울린다. 반사적으로 일어나 알람을 끄고 머리를 숙여 기도한다. 일상의 시작이다.

Q.T(Quiet Time)로 3, 40분 묵상하는 습관이 있으나, 오늘은 기도만 하기로 한다. 4일째 금식 중이다. 수술 전에 PET-CT 검사와 대장 조영술 검사를 받아야 하기 때문이다. 검사 결과를 가

지고 종합적인 진단을 내려서 수술 하려는 의사의 신중한 모습이 엿보인다.

이틀 전에는 옆에 있던 환자가 간에 있는 종양을 제거하는 수술을 받고 중환자실로 옮겨 갔다. 그 뒤를 이어 난소의 혹을 떼어낼 환자가 옆 침대로 왔다.

그녀는 입원 다음날 수술을 복강경으로 간단히 하고 퇴원했다. 그녀를 보면서 부러웠다. 나의 수술은 개복을 전제로 하는 큰 수술이라고 하니 말이다. 암일 수도 있다는 의증 때문에 양측 골반 내 임파선 곽청술과 대동맥 생검술이 난소, 난관 절제술과 자궁 절제술에 이어서 이루어 질 수 있다는 설명이었다.

수술 후에는 중환자실로 옮겨질 수도 있다는 이야기를 들었다. 오전에 할 것이라고 하던 수술은 정오를 넘겼다. 아마도 앞에 수술하는 환자의 시간이 길어지는 모양이다. 기다리는 지루한 마음을 루치아노 파바로티의 음성으로 달래고 있다. 그는 베르디의 리골레토 중에서 「사랑의 이중창」 「사랑하는 이여」 「여자의 마음」과 라트라비아타 중에서 「축배의 노래」 「지나간 날의 행복한 하루」와 푸치니의 라보엠 중에서 「그대의 찬 손」 등을 불렀다. CD를 다 들은 후 다시 돌려서 듣기를 시작하였다. 이때 젊은 날의 꿈 많던 시절이 주마등처럼 스쳐간다.

60년대에 종로에 있던 음악 감상실, '르네상스'가 클로즈업된다. 당시에는 고전 음악을 듣기 위하여 많은 젊은이들이 그곳을 찾았다. 그곳은 젊은 사람들의 휴식처이자 꿈과 사랑을 나누며 키울 수 있는 아름다운 장소였다. 베토벤의 교향곡 5번, 「운명」을 자주 신청하여 들려주던 친구의 모습이 떠오른다. 다정했던 그 미소와 함께. 그는 지금 어디에서 무엇을 하며 지내는지. 퇴색한 시간들은 마음속 한 모퉁이에서 그리움의 호수로 잔파도가 인다.

오후 1시 20분경 내 몸은 수술실 카트로 옮겨졌고, 초록색 천으로 덮여졌다. 수술실로 옮겨가는 내 옆에는 남편과 아들, 며느리가 함께 하였다.

이것이 마지막이라면 나의 흔적은 무엇인가? 지난 봄 교회에서 '선한 사마리아 주일' 행사가 있었다. 그때 사후 안구 기증과 장기 기증, 헌혈과 같은 행사가 있었건만, 선뜻 하지 못한 것이 후회스러웠다. "주님! 저의 삶을 연장시켜 주시면 이 일을 꼭 하겠습니다. 본향을 향할 아무 준비가 되어 있지 않음을 고백합니다. 세월을 낭비한 죄를 용서하시고 준비할 시간을 주신다면 아버지의 뜻을 이루며 살겠습니다." 하는 기도가 가슴에서 솟구쳤다.

수술실 문 앞에 다다르자 이제 올 시간이 왔구나 하는 생각이 들었다. 모든 것을 창조주이신 하나님의 손에 맡기기로 하고 마지막 기도를 올렸다.

"주님! 이제 의사의 손을 통하여 당신이 직접 수술하시고 치료하여 주실 것을 믿고 들어갑니다. 예수님의 이름으로 기도합니다. 아멘."

요동치던 가슴속 바다가 잔잔해진다. 평안한 마음이다. 푸른 호수에 잔물결조차 없는 고요함과 평화가 머문다. "잘하시고 나오세요" 하는 아들과 며느리의 애정 어린 목소리가 귓가에 울린다. 남편의 눈물어린 눈빛이 나의 눈동자에 머문다. 곧이어 카트는 수술실 문을 통과하였고 문은 굳게 닫혔다.

"눈을 뜨세요! 왜 자꾸 주무세요?" 초록색 가운과 마스크를 한 두 사람이 나를 흔들어 본다. 그때 통증이 조금 느껴졌다. 눈을 겨우 껌벅거리며 꿈틀거리자 곧바로 입원실로 옮겨졌다. 아픔 속에서도 감사하기 그지없었다. 중환자실로 가지 않고 입원실로 왔으니 예상했던 큰 수술은 아닌 듯싶었다.

하지만 시간이 갈수록 통증이 더욱 심했다. 진통제를 놓아 달라고 했다. 간호사들이 와서 알았다며 손에 꽂혀 있는 호수 줄에 진통제를 놓았고, 뒤이어 무통 주사액 비닐 주머니를 달아 주었다. 몸에는 호수 줄이 여러 개로 늘었으나 그것은 묻지도 않았다. 어깨와 양쪽 허벅지가 몹시 저렸다. 고통을 호소하자 남편이 어깨를, 허벅지는 아들이 계속 주물렀다. 아이들 때문에 며느리는 병실을 떠난 듯하였다. 이렇게 아픔을 감싸줄 남편과 아들이 있음을 고맙게 여겼다. 목요일 밤은 고통 속에서 잠이 들었다. 간간히 간호사와 의사들이 상태를 체크하기 위하여 오곤 했다. 금요일이 밝아 왔다.

핸드폰의 알람을 남편이 잽싸게 끈다. 창에 내려져 있는 흰 블라인드를 올려 달라고 했다. "당신 더 자야 하는데…." 하면서도 그는 창밖의 모습들을 볼 수 있도록 했다. 새벽 5시는 어김없는 나의 기상 시간이다.

"주님! 감사합니다. 이 아름다운 새벽을 다시 볼 수 있게 하신 당신께 찬양을 드립니다. 비구름이 내려앉은 저 산봉우리! 푸르름으로 여름을 잉태하는 나무들! 고요한 주택가를 새벽 맞도록 밝히는 가로등! 오! 나의 하나님! 당신을 사랑하며, 이 세상 모든 것을 사랑합니다. 주님과 달콤한 시간을 갖게 하심도 감사합니다."

7월 1일 새벽에 성경을 펼치는데, 이사야 30장 26절 말씀이 첫눈에 들어 온다. "여호와께서 그 백성의 상처를 싸매시며 그들의 맞은 자리를 고치시는 날에는 달빛은 햇빛 같겠고, 햇빛은 칠배가 되어 일곱 날의 빛과 같으리라." 스르르 잠이 다시 밀려와 눈을 감았다. 꿈속에서 누군가의 손이 옆구리에 살포시 얹혀졌다. 퍽 따스한 느낌이 든다. 여호와 라파되시는 그분의 손길인 듯싶다. 아쉬운 가운데 잠이 깨었다. 그 후 기다리던 가스가 나왔고, 남편은 잠이 덜 깬 채 눈을 한손으로 비비며 간호사에게로 달려갔다.

퇴원하는 날 아침은 푸르른 창공에 햇살이 눈부시게 쏟아졌다. 비구름은 어디로 흘러갔는지 모르겠다. 산을 뒤덮은 울창한 푸르름만이 빈 병실을 바라보고 있다. (2006. 7. 12)

문화의 도시 경주에서

우리는 어둠 속에 파묻힌 보문호에서 넘실거리는 불빛을 바라보며 옛 신라의 찬란했던 문화의 도시 경주에 취해 있었다.

비가 온다고 하던 일기 예보는 맞지 않았다. 이 아침 맑은 햇살은 우리의 가슴 속에 사뿐히 내려앉는다. 오랜만에 만난 회원들은 환한 미소로 인사를 나누며 담소를 나누고 대기 중인 차 안으로 속속 들어갔다. 8시 30분에 출발 예정이었으나 한 사람의 지각으로 인하여 9시에 출발하게 되었다. 맑은 햇살과 높푸른 하늘이 우리를 실은 대형 버스를 감싸며 길을 인도한다.

천년의 고도, 신라의 땅 경주에 도착한 시간은 오후 2시가 넘어서였다. 황룡사, 분황사를 둘러본 후 '수필문학 추천작가회 연차대회 및 동인지 출판기념회'가 열릴 경주 콩코드 호텔에 3시 20분경 도착했다. 방 배정을 받고 짐을 푼 후 시간이 있어 잠시 휴식을 취할 수 있었다.

개회식은 4시였다. 시간이 가까워지자 이 방 저 방에서 사람들은 쏟아져 나와 회의실이 있는 1층으로 향하였다. 순식간에 회의실은 전국에서 모여든 작가들로 만석이 되었다. 부회장의 개회선언으로 식은 막을 올렸다. 개회사, 환영사, 내빈 소개 및 격려사에 이여 이근식(전 경주문예 대학장) 선생님과 장윤익(전 경주대 총장) 선생님의 축사가 있었다. 뒤이어 강석호 이사장님이 신입회원을 소개했다.

신입회원들은 2006년 1월부터 11월까지 『수필문학』을 통하여 추천 완료된 작가들이다. 곧이어 정연순 부회장과 김영 이사님의 수필창작 사례 발표가 있었다. 정연순 선생님은 "수필은 김치 같다. 그 친밀감과 절실함, 그리고 다양한 변용이 김치와 같다. 주재료를 정하고 그것에 어울리는 부재료를 골라 어떤 김치를 담글지 결정하는 과정이 김치와 같다"고 하였다. 그는 결론으로 자신의 의식이 수필을 향하여 깨어있으므로 활력과 의욕을 잃지 않으며 수필은 자신의 삶의 가장 진지한 재미 만들기라고 하였다. 김영 선생님은 「나의 수필쓰기」라는 제목으로 서두에서 그는 작고문인 향파 이주홍의 소설집 『해변』 후기에 써있는 다음 말로 시작하였다.

"작품은 곧 발언이다. 인간으로서의 원초적인 몸부림이거나 자기가 처해 있는 환경의 부조리에 대해 저항하는 것이거나 필경엔 발언 이상의 것일 수가 없다."

이에 대해 그는 전적으로 동의하며 따라서 작가는 작품을 통하여 작가가 의도하고 지향하고자 하는 강한 메시지를 토해 내야만 한다고 한다. 수필은 정제된 삶의 압축이요, 이 세상 모든 것에 대한 애정의 발로요, 관심이다. 답답함을 털어내는 인생의 청량제 이기도 하다. "나의 수필은 발언이요, 저항이요, 규탄이다. 탈선과 파행, 빗나가고 잘못된 모든 것에 대해서."라고 결론지었다.

다음 순서로 요즈음 많은 관심을 가지고 있는 단수필 낭송이 다섯 분에 의하여 이루어졌다. 처음 낭송하신 안병태 선생님의 「잔소리」를 들으며 폭소가 여기저기서 터져 나왔다. 아내가 아이들을 데리고 친정으로 가는 날이 잔소리에서 해방되는 날이며, 방학 동안 계속 그리하면 좋겠다고 한다. 왜냐하면 이부자리를 깔아 놓은 채 그대로 아침에 빠져 나오고 그 터널 속으로 다시 기어 들어가면 그만이요, 손발을 씻고 싶으면 씻고, 말고 싶으면 말고 무슨 대수랴. 머리맡에다 책 몇 권과 필기도구 일습을 한 살림 차려놓으니 화장실 다녀오는 일 외에는 그의 맘대로 뒹굴 수 있어 느긋하고 오붓하단다. 그러나 이도 이틀 뒤면 극락세계도 끝이란다. 싱크대가 넘치도록 수북이 쌓인 설거지감, 장롱 속의 옷들을 야금야금 끄집어내다 모조리 화장실 구석으로 옮겨다 쌓아놓은 것을 보면 아마 기가 막히고 속이 뒤집힐 것이다. 볶음밥 하려다 숯덩이를 만들어 놓은 튀김 냄비는 아예 마당으로 날아갈 것이고…. 그날은 서천 강변마을이 좀 시끄러울 것이다. 라는 말로 끝을 맺었다.

그 외에 네 분의 수필 낭송으로 창작 사례 발표는 끝났다.

만찬 장소로 자리를 옮겼다. 주최측에서 마련한 풍성한 만찬이 준비되어 모두들 즐거운 식사를 하였다. 무대에서는 행운권 추첨이 진행되어 당첨된 분들이 나오셔서 함박웃음을 보이며 선물들을 안고 내려갔다. 밤이 깊어가자 노랫가락도 흘러 나왔다. 당첨된 기분이라면서 한 곡조 멋있게 뽑고 내려가시는 분들이 생겼기 때문이다. 더러는 보문호의 부름에 못 이겨 밖으로 살며시 빠져 나오는 분들이 있었다. 나도 그 부류에 묻혀서 살짝 만찬장의 자리를 비웠다.

어둠은 이미 보문호를 한품에 안고 검은 기운을 토하고 있었다. K씨, L씨, O씨와 함께 우리는 호수의 반대편에서 불빛을 발하고 있는 그 빛을 따라 작품 이야기와 세상살이를 간식으로 들면서 발을 옮겨 놓았다. K씨는 보문호에 설치된 가로등이 없어야 더욱 운치가 있다면서 달빛만 받고 걷기를 소원하였다. 듣고 보니 그것도 일리가 있었다. 낭만적인 분위기는 그래야만 할 것 같다. 보문호에 들어 서있는 현대적인 건물로 인하여 관광객은 편할 수 있지만, 천년 고도, 경주를 옛 모습 그대로 지키지 못하고 있는 안타까움이 또한 우리의 가슴을 아리게 한다.

한참을 걷다보니 한기가 밀려들었고 피곤도 하여 잠시 벤치에 앉아 있다가 오던 길을 되돌아 호텔 쪽으로 향하였다. 호텔이 가까워 오는데 어디선가 통기타 소리와 함께 감미로운 노랫소리가 들여왔다. 우리는 서로 아무 말이 없었으나 그쪽으로 발을 옮기고 있었다. 아담하게 꾸며진 카페였으며 카페 한쪽 귀퉁이에서 통기타를 연주하며 노래를 부르는 청년을 발견할 수 있었다. 우리는 그를 잘 바라볼 수 있는 중앙에 자리를 잡고 동동주와 파전을 주문하였다. 안주로 파전을 주문하였으나 동동주에 곁들인 안주는 역시 경주였다. 씁쓸하기도 하고 달콤하기도 하며, 그 맛에 가끔 감탄을 뿜어내기도 하는 우리의 말소리가 통기타의 멜로디에 녹아져 아름다운 노래로 들려왔다.

한 주발이라 할지, 한 항아리라 부를지 모르겠는 동동주 그릇을 단숨에 비우고 다시 한 그릇을 주문하였다. 그토록 감미로운 맛을 내는 동동주는 처음인 것 같다. 술을 잘 못하는 나도 한 컵 반을 마셨다. O씨는 꽤 잘 마셨다. 배에서 거부감이 없다면서 말이다. 밤이 으쓱해지자 잠이 밀려와 우리는 자리에서 일어났다. 더하자는 K씨의 말을 못 들은 척하면서 말이다. 아직도 카페에는 여기저기 사람들이 앉아 있었고, 통기타 청년의 연주와 노래가 끝날 때마다 박수가 터져 나왔다.

호텔로 향하는 우리는 어둠 속에 파묻힌 보문호에서 넘실거리는 불빛을 바라보며 옛 신라의 찬란했던 문화의 도시 경주에 취해 있었다. (2006. 11. 6)

8월의 단풍

기온의 변화에 견딜 수 없어 야위어간 잎들은 돌돌 몸을 말고 세월을 접을 준비를 하고 있는데, 8월의 단풍으로 노란 색을 띈 은행잎들이 대견스럽다.

K대학 영안실이다. 젊은 여의사의 죽음으로 인하여 많은 조문객들이 안타까운 마음과 슬픔으로 말을 나누지 못하고 있다. 시부모님들과 남편이 상복을 입고 조문객들을 말없이 맞이하고 있다. 그들의 눈에는 물기 때문에 동자의 초점이 흐려 있다.

동료 여의사들의 방문이 끊이지 않고 있다. 갑자기 대성통곡 하는 여인의 소리가 들리면서 두 남자가 그녀를 부축하고 영안실로 들어왔다. 흰 저고리와 흰 치마를 입은 그녀는 친정어머니이다. 거의 실신 상태인 그녀를 두 사람이 부축하여 영안실 옆에 붙어 있는 다른 방으로 모시고 간다.

조문객이 뜸한 틈을 타서 시아버님이 차를 대접하는 방으로 왔다. 방에 앉아 있던 사람들이 그를 보자마자 아까운 사람이 일찍 갔다며 이구동성으로 말했다. 그의 눈에서는 구슬 같은 눈물이 흘러 내렸다.

혈액암으로 투병 생활을 하였으나, 그녀는 병이 완치되었다며 임신까지 하여 아들을 낳았다. 그 아이가 세 번째이다. 위로 둘은 딸이었는데, 둘째 아이를 임신하여 5개월 되었을 때에 발병하였다. 항암 치료를 받으면서 끝까지 아이를 수호하여 건강한 딸을 낳았을 때, 주위 사람들의 마음을 뭉클하게 하였다. 손이 귀한 집안에 외며느리인 그녀는 주위의 만류도 뿌리치고 아들을 낳아 시부모님들을 기쁘게 하였다.

그녀는 시골의 가난한 농가에서 태어났다. 부모님의 혜택은 바랄 수도 없었고, 동생들은 줄줄이 태어나 다섯 명이나 되었다. 이러한 환경을 벗어나기 위하여 무엇을 하여야 돈을 많이 벌 수 있을까 하는 생각을 했다고 한다. 밑천 없이 돈을 벌 수 있는 방법은 공부를 열심히 하여 훌륭한 의사가 되면 되겠다 싶어 코피를 쏟아가며 밤낮으로 책과 씨름을 했다. 자신의 학비는 장학금으로 해결할 때가 많았지만, 동생들은 그녀가 파트타임으로 일한 대가로 공부를 할 수 있었다.

의사가 된 후에 그녀는 주위에 어려운 환경에 처한 환자들을 남몰래 치료해 주곤 하였다. 앞으로 더욱 많은 일을 하여 이 세상을 밝게 할 수 있는 그녀가 이처럼 일찍 떠난 것이 안타깝다. 아깝고 좋은 사람은 일찍 데려 간다는 말이 그녀에게 해당되는 것 같다. 허나 그녀는 성공적인 삶을 이루고 간 작은 거인이다. 짧은 생애 동안 모든 것을 이루고 떠났다.

46일 동안 한반도를 휩쓸고 간 태풍과 빗물이 지금은 아무 말이 없다. 바다 속에 몸을 감추고 파도가 칠 때 흰 물살로 솟아올랐다가 다시 사라지곤 한다. 작열하는 태양 빛이 솟아 오른 물살을 끌어안고 함께 숨어 버린다.

이른 새벽 산에 오르기 위하여 지름길을 택하여 W초등학교 교정을 지나려는데, 은행나무 한 그루가 눈에 뜨였다. 노란 색깔을 띤 잎들이 새벽 공기에 기지개를 펴고 있다. 옆에 있는 다른 잎들은 푸른빛이 퇴색된 채 몸을 돌돌 말고 있는 것들도 있다. 그들은 머지않아 가지에서 떨어질 것 같다. 노란 색으로 단풍이 든 잎들이 아름다워 올려다보며 미소를 보낸다. 그 은행잎들 위에 여의사의 얼굴이 오버랩 된다.

아열대 기후로 변하고 있는 우리나라, 유럽과 미국 등 세계 곳곳에서 이상 기온의 우려를 나타내고 있다. 지구의 온난화를 걱정하고 있는 이때에 저들 은행잎들은 변화에 의연하다. 노란 빛으로 아름답게 자신을 채색시켜 보여주고 있지 않는가. 기온의 변화에 견딜 수 없어 야위어간 잎들은 돌돌 몸을 말고 세월을 접을 준비를 하고 있는데, 8월의 단풍으로 노란 색을 띈 은행잎들이 대견스럽다. 성공적인 한해살이를 마감하고, 기나긴 폭우와 폭염을 견디어 내고 그 속에 자신을 녹여 고운 색채로 몸갈이 한 은행잎들. 때 이른 이 단풍이 그 여의사의 삶을 닮지 않았을까?

은행나무 옆을 떠나려는데 벌써 태양은 동녘 하늘을 붉게 물들이며 서서히 그 위용을 드러내고 있다. (2006. 8. 17)

고사목에 앉은 까치

50년의 세월 동안 그녀는 가슴 속에 보석처럼 첫사랑을 간직한 채, 가끔 그 보석을 꺼내어 만져보고 닦아서 다시 제자리에 숨겨 두고 살지는 않았는지.

이른 아침 산에 오르고 있다. 산새들의 지저귐이 숲속의 나무들을 깨운다. 벌써 나뭇잎들은 많이 자랐다. 연녹색 잎들은 보기 힘들고 진녹색 잎들이 아침 공기와 새들의 속삭임에 팔랑팔랑 기지개를 편다. 햇님도 환한 얼굴로 그들에게 따스한 햇살로 마사지를 해주고 있다. 덕분에 그들의 얼굴에 윤이 나기 시작한다.

어디서 날아왔는지 작은 산새 한 마리가 오솔길에 삐죽 나와 있는 나뭇가지 위에서 재잘거리며 빨리 오라 한다. 반갑게 만나려는데 그 귀여운 녀석은 어느 틈에 숨어 버렸다. 아무리 두리번거려 보아도 찾을 길이 없다. 만나기를 포기하고 계속 올라 산 중턱에 이르렀다. 갑자기 까치의 요란한 울음소리가 들려서 하늘을 올려보며 녀석이 있는 곳을 찾았다. 놀랍게도 고사목(古死木) 높은 가지 위에서 먼 허공을 바라보며 울부짖었다. 아름다운 녹색으로 몸을 치장한 나무들이 온통 산을 덮고 있건만, 왜 그는 생명을 잃은 검은 나목 위에서 저토록 애절한 비가(悲歌)를 부를까? 궁금하기 짝이 없다.

발걸음을 멈춘 채 까치의 꼬리가 움직이는 것만을 주시하였다. 그 소리의 강약에 따라 꼬리가 올라갔다 내려갔다 하는 것이다. 얼마 동안 그를 올려다보며 생각에 잠겨 있었어도 그는 아랑곳하지 않고 울음을 계속 하였다.

그 후 일주일 정도가 지났을 무렵 L여사에게서 전화 한 통이 걸려왔다. 기막힌 이야깃감이 있으니 만나자는 것이다. 주말에 시간을 내어 남양주에 위치한 도토리 전문 음식점으로 갔다. 안내를 받아 아늑한 방으로 들어가자마자, 그녀는 폭소를 터트리며 입을 열었다.

"글쎄! 50년 만에 옛 애인이 보자고 해서 만났어. 그 사람은 친구를 시켜서 나를 나오게 하지 않았겠어. 15년 전에도 만나자는 이야기가 들여서 절대 못 만난다고 하였는데 말이야."

함께한 그녀의 친구와 나는 호기심이 동하여 질문 공세를 퍼 부었다.

"어머! 그래서 어떻게 했어? 남편에게 말은 하고 나간거야?"

"어머나! 감격했겠군요! 만나자고 약속한 전날 밤에 잠은 잤어요?"

그녀는 나보다 네 살 연상이다. 우리의 질문에 그녀는 통쾌하게 웃으며 답했다. 남편에게는 친구를 만나러 나간다고 거짓말을 했으며 만나기로 한 전날 밤에는 잠을 설쳤다고 한다. 밤새도록 엎치락뒤치락하며 추억의 뒤안길을 더듬었단다.

그녀가 그를 만난 것은 여고 시절 걸스카우트와 보이스카우트의 합동 캠프에서였다. 제비뽑기에서 파트너로 결정된 순간 둘은 환호하며 손을 잡았단다. 캠프파이어가 끝나고 헤어질 무렵, 느닷없이 그는 그녀에게 덥석 입맞춤을 하고 사라졌다. 그때 그녀는 안절부절 못하고 짐도 제대로 못 챙겼다고 한다. 그 입술의 온기가 아직도 남아 있는지.

그는 가슴에 그녀를 품고 50년을 살았나 보다. 고국을 떠나 멀리 이민을 간 그가 고국을 찾을 때마다 그녀를 애타게 만나려고 했다니 그녀는 어떠했을까.

퍽 오래 전에 남편에 관한 불평을 털어 놓았다. 무뚝뚝하며 애정이 없다고. 자상한 면이 조금도 없다고 한다. 이는 그녀가 첫사랑 했던 사람과의 비교에서 나오는 말이 아닌가 한다.

50년의 세월 동안 그녀는 가슴 속에 보석처럼 첫사랑을 간직한 채, 가끔 그 보석을 꺼내어 만져보고 닦아서 다시 제자리에 숨겨두고 살지는 않았는지. 그에 대한 변화의 호기심은 있으나, 옛 모습 그대로, 그 시절을 고이 간직하고픈 것이 그녀의 마음이 아닐까. 만나서 보석의 광채를 잃기보다는 과거 속에 묻힌 그 모습 그대로 영원히 가고픈 마음이었으리라.

뛰는 가슴을 억누르며 그와 악수를 나누었다. 옛날의 온기가 되

살아 오르는 듯 얼굴이 화끈거렸단다. 옆에서 지켜보던 친구도 한마디 거들면서 “보기가 좋습니다” 하면서 자기의 애인도 찾아 달라고 했다. 친구의 파트너였던 여인은 이 세상을 떠난 지 오래 되었다. 그러나 이를 말할 수가 없어 알아서 연락하겠다고 했단다. 잡았던 손을 놓고 두 사람이 서로를 불빛에서 바라보며 의미 있는 미소를 지었다. 쾅쾅 뛰던 L여사의 가슴도 서서히 가라앉으며 그의 대머리 위에 시선이 꽂혔다. “아니, 머리카락이 다 어디 갔어!” 그녀는 중얼거리며 말을 잊었다.

저 사람도 내가 변한 모습에 놀라겠지 하는 생각을 하는데 그는 그녀에게 옛 모습 그대로라고 했단다. 변하지 않은 것만 바라보는 모양이다. 헤어진 후 50년을 넋두리 삼아 떠들다가 그들은 헤어졌다고 한다. 그 다음날 인천국제공항에서 그녀에게 전화를 걸었다고 한다. 뉴욕에 오면 연락하라는 것이다. 이제 저무는 길인데 언제 어두움 속에 갇히게 될지 모른다면서.

고사목에서 애절한 울음으로 허공을 바라보던 그 까치는 그 나무에서 어떠한 일이 있었는가. 누구를 찾는지, 그 까치도 옛 친구를 찾고 있는지.

아! 옛날이여! 까치의 기다림이 헛되지 않기를 바랄 뿐이다.

(2006. 5)

우리 춤을 보고서

아련함을 가슴 속에 담은 추억을 이야기하듯 노을빛 냇물 위에 곱게 물들이는 풋풋하고 정감어린 매력이 엿보이는…

판소리가 은은히 국립국악원 예악당에 흐른다. 공연 시간은 아직도 30여분 더 남아 있으나, 관람객들은 이미 자신들의 자리에 앉아서 판소리를 감상하는 듯하였다. 시간이 되자 국립극장 예술진흥회 회장 최종민 씨가 오늘 우리 춤을 보여줄 임이조 씨에 대한 소개를 하였다.

그는 한국 전통무용계의 중진무용가로 계승과 전승, 그리고 창조의 토대에서 전통춤의 올곧이 자리매김을 선두하고 있는 분이라 한다. 한국무용 대가 이매방 선생의 수제자로 현재 중요무형문화재 제27호 승무 전수교육조교, 제 97호 살풀이춤 이수자이며, 한국 전통춤 연구회 대표이자 임이조 선무용단 예술감독이라고 했다. 2005년 한일 국교 정상화 40주년 기념공연 「난파진가」로 일본에서 성황리에 공연을 마쳤고, 2006년 11월 뉴욕 페스티발 개막작으로 선정되어 뉴욕시티센터에서 미 언론으로부터 찬사를 받으며, 환상적인 무대를 선보였다고 한다.

우리 춤뿐만 아니라, 판소리에도 전혀 지식이 없고, 관심도 없었던 나는 머릿속에 「백조의 호수」에 나오는 발레리나를 그리며 앉아 있었다. 그래도 자세히 관찰하며 보고 싶은 욕망에서 앞자리를 차지하고 있다. 우리 춤! 글쎄, 무엇을 보여줄 것인가?

드디어 공연 시간이 되자 승무가 첫선을 보였다. 승무는 천상세계의 불보살, 선녀들의 춤인 보살춤과 불교의 극락세계를 상징하는 꽃인 연꽃춤으로 다채롭고 화려함이 돋보이는 무대를 시작으로 하여 임이조 선생의 승무가 선을 보인다. 승무는 우리 춤의 백미라고 한다. 버선코에서부터 장삼의 끝자락까지 연결된 힘이 허공으로 뿌려지면서 웅장한 형태를 그리는 모습, 한 발 한 발 내어디딜 때마다 손과 손가락, 발, 몸의 움직임에 다 말이 있는 듯하다. 그것을 어찌 내가 다 읽을 수 있을까. 그저 감탄하며 무아지경에 빠져 있다.

승무는 춤사위에 따라 무거운 업(業) 타령, 업을 벗는 도드리, 속세와의 완전 결별을 굿거리, 해탈하는 희열은 북으로 표현하고 있다고 한다. 마지막 북을 치는 붓가락의 멋들어진 모습은 더욱 승무를 돋보이게 하였다.

이어서 살풀이춤이 공연되었다. 이 춤은 원래 흉살을 미리 피하도록 하는 살풀이굿에서 무당이 살풀이 음악에 맞추어 추던 무무

(巫舞)에서 파생되었으나, 이것이 후에 전통 속에서 길러지고 가꾸어지는 과정을 통하여 민속춤의 하나로 발전되었다고 한다. 한과 신명을 동시에 지닌 신비한 느낌을 주는 춤이다. 특히 정적미의 단아한 멋과 함께 정과 한이 서린 비장미가 몸에 스며 있다.

연가는 한 편의 수채화 같은 느낌이었다. 소년과 소녀의 솔직한 마음을 곱고 부드러운 춤사위로 세심하게 표현하고 있었다. 아련함을 가슴 속에 담은 추억을 이야기하듯 노을빛 냇물 위에 곱게 물들이는 풋풋하고 정감어린 매력이 엿보이는 작품으로 아동의 마음과 같은 순수한 감정과 즐겁고 밝은 춤사위를 한껏 느낄 수 있었다. 교방살풀이는 기본 살풀이춤에서 변형되어진 춤으로 구성지고 애절한 춤사위로 시작되면서 여성스럽고 교태스러우면서도 아기자기한 느낌을 살려 충분히 경쾌하고 다이나믹한 춤사위로 마무리되는 즉흥적이고도 밝은 느낌의 춤이다. 이는 여인들이 땀을 닦을 때에 한복 손깃에서 손수건을 꺼내어 쓰던 것을 흥에 겨울 때에 추던 춤이라고 한다.

임이조 선생은 교방살풀이에 다양한 장단에 맞춰 경쾌한 느낌으로 흥을 풀어내고 있다고 했다. 입춤은 한국전통춤연구회에서 전통춤을 배우고 있는 어머니회원들이 선을 보였는데, 아마추어로서 전문인 못지않게 춤을 보여 주었다. 그들을 보면서 우리 춤을 배우고 싶은 충동도 느껴졌다. 한량무는 경남 지역의 무형문화재 제 3호로 지정되어 전승되어 오고 있기도 하지만 오늘날 일반인들에게 알려진 한량무는 임이조에 의해 재구성된 춤의 형태로 널리 인식되고 있단다. 한량은 일반 서민의 의식 속에서 잠재된 자기의 반영이라고 할 수 있을 만큼 한과 흥의 이미지를 복합적으로 나타내고 있는 인물인지라 한량무라는 춤의 명칭상의 이미지와 그의 춤사위가 완전히 부합되는 형태를 보이고 있어 흥을 한층 더해 준다. 그의 발디딤새는 곧 옛 한량의 걸음새를 연상시키고 갓 아래로 감추어진 듯한 홍안의 얼굴이 부채로 가려질 때는 양반의 자태가 그대로 묘사되는 듯하다.

판소리 사랑가를 특별 출연으로 최진숙 씨가 부르고, 이때에 대금에는 원완철 씨, 아쟁에 윤서경 씨, 거문고에 김준엽 씨, 장고에 전병진 씨가 함께 하였다. 마지막으로 「하늘과 땅 중에서」라는 작품이 공연되었다. 이 작품은 지난해 뉴욕 Fall For Dance Festival 개막작으로 초청되어, 뉴욕시티센터 무대에 올린 작품을 작은 무대로 재구성하여 보여 준 것이란다. 진정한 한국의 멋과 흥을 보여준 「하늘과 땅」은 동양철학의 근간을 이루고 있는 하늘과 땅 그리고 사람에 나타난 한국인의 정서를 그린 작품이라고 한다. 평화를 기원하여 하늘에 제를 올리는 하늘(天), 흙의 풍요와 안락을 표현하는 땅(地), 남녀의 연(緣)을 통해 사람과 사람, 하늘과 사람의 관계를 그리는 사람(人)이 그것이다. 세련된 한국적인 색채와 웅장하고 화려함이 돋보이는 춤사위로 가장 한국적이면서 가장 현대적이 느낌을 주는 작품이라고 한다.

모든 공연을 보면서 우리 춤의 매력에 폭 빠져서 황홀경에 있었다고 해도 과언이 아닐 성싶다. 깊은 생각에서 나오는 동작 하나 하나가 신중하게 손과 발과 몸으로, 또 의상으로 표현되는 그 기품을 어디에 비교할 수 있을까. 발레리나의 손과 발, 몸에서는 도저히 찾아 볼 수 없는 그 심오한 맛을 느낄 수 있었다. 그렇다고 서양의 춤을 비하하는 말은 아니다. 분명 우리의 춤에는 우리의 정서가 담긴 철학이 있다. 21세기를 빠르게, 숨가쁘게 달리고 있는 우리 모두가 한 번쯤 우리 춤에 빠져 한과 흥을 녹여 보는 여유를 가져보면 좋겠다 하는 생각을 하여본다.

우리 옷의 선이 그토록 아름다움도 처음 느껴보았다. 색채 또한 아름답고 고와서 손을 들어 올릴 때나 내릴 때, 몸을 굽히거나 회전시킬 때, 흰 버선발의 코끝이 살짝 들어 올려질 때, 찬란한 빛깔로 환상의 세계를 만든다. 그 속으로 나의 영혼을 보내본다. 이 세상에서 찌들고, 때묻은 영혼이 깨끗이 씻기여 알몸으로 유영하기를 바란다. 발가벗은 영혼일지라도 저 현란한 빛 속에 잠기여 고운 색깔로 입혀지리라.

임이조 선생의 공연을 통하여 우리 춤을 다시 읽게 되었고, 우리의 전통 음악과 의상의 가치를 발견하게 되여 초대장을 주신 분에게 감사드리려 한다. 우리 춤은 그늘과 멋이 있어야 춤맛이 있다는 말의 의미도 이제야 이해하게 되었다. 우리의 전통을 소중히 간직하고 전수하며 세계를 향하여 이를 널리 보급시키시는 여러분들의 노고에 진심으로 감사한다. 앞으로 많은 발전이 이분들과 함께 이 나라 위에 있기를 기원해 본다. (2007. 1. 13)

자갈밭에 핀 국화

나의 집을 방문하는 벗들에게 따끈한 국화차를 대접할 수 있어 더욱 행복한 가을이다.

포도나무의 넝쿨이 뻗어가는 모습을 보기 위하여 자갈이 깔려 있는 밭으로 갔다. 쑥처럼 생긴 새순들이 여기저기 돋아나 자갈을 밀치고 나와 있다. 쑥인가 싶어 거치적거리는 곳에 있는 것들은 모두 뽑아 버리고 가장 자리에 있는 것만 남겼다.

포도넝쿨 아래에는 바비큐 통이 있어 가족들이 모이면, 늘 그곳에서 식사를 한다. 야외용 큰 테이블도 항상 놓여 있다. 그 테이블 아래에도 삐죽삐죽 나와 있다. 햇볕을 받지 못하면 자라지 못하겠지 하는 생각으로 그곳에 있는 것들은 내버려 두었다.

여름이 지나면서 포도넝쿨은 시렁가래를 따라 덮으면서 완전히 지붕을 만들어 자갈밭에 그늘을 만들었다. 뽑지 않고 남겨 둔 새싹들도 포도넝쿨에 지지 않으려고 부쩍부쩍 자랐다. 키가 커지니

가는 줄기가 지탱을 못하고 자갈 위에 누워서 여전히 잘 자랐다.

뜨거운 태양 볕도 아침저녁 그 열기를 식히는 9월 하순이 가까웠다. 포도넝쿨에 붙어 있는 잎들은 벌써 낙엽을 만들어 가며 말라가고 있다. 덕분에 그 사이로 햇볕을 더 많이 받을 수 있는 그들이었다. 어느 날인가부터 보라색 꽃송이가 먼저 터져 나왔다. 그 후 며칠이 지나자 여기저기서 꽃망울이 벌어지기 시작했다.

"어머! 여기는 노란색 꽃이네! 아니! 저건 흰 국화 아니야!"

탄성을 지르며 코를 국화꽃 가까이 대어 냄새를 맡았다. 시간이 지날수록 국화꽃색은 다양했다. 황백색, 적백색, 적황색, 엷은 분홍색, 자주색 등으로.

봄과 여름에도 잘 보이지 않던 벌들이 이 꽃 저 꽃으로 날아다니며 분주하다. 어떤 놈들은 꽃술에 얼굴을 파묻은 채 뒷꽁지만 들썩거린다.

올가을은 나에게 큰 횡재를 안겨 주었다. 심지도 않은 국화가 자갈밭에 피어 그 향기를 매일 맡게 하며, 그들의 색깔로 인하여 또한 감탄하게 하니 이 어찌 큰 횡재가 아닐까 보냐! 이뿐만이 아니다. 흘러간 시간 속에 감추어진 보라색 들국화 길이 가슴 속에 감미롭게 펼쳐진다.

국화는 여러해살이풀로 주로 가을에 피는데 꽃모양이나 빛깔은 여러 가지다. 꽃의 크기에 따라 대국, 중국, 소국으로 나눈다. 오래전부터 관상용으로 재배를 해왔다. 전세계에 200여종이 분포되어 있다. 우리나라에는 감국, 뇌향국화, 산국, 산구절초, 수국, 울릉국화 따위의 야생종이 10여종 있단다.

내가 횡재한 국화가 어느 야생인지는 모르겠으며, 크기로 봐서는 중국과 소국이 아닌가 생각된다.

나의 집을 방문하는 벗들에게 따끈한 국화차를 대접할 수 있어 더욱 행복한 가을이다.

우리나라 속담에 '국화는 서리를 맞아도 꺾이지 않는다'는 말이 있다. 요즈음 나라 안팎으로 경제 사정이 패닉 상태에 있지만 한국은 서리를 맞아도 꺾이지 않는다는 국화이기를 기원한다.

(2008. 10. 11)

속 옷

나를 속이는 것 같아서 싫은 거야. 남이 안본다고 뚫어지고 남루한 속옷을 입는 것은 결국 나 자신을 속이는 것 아니겠어.

늘 허름한 옷차림으로 다니는 A씨가 있다. 하루는 시집 간 딸네 동네를 배회하고 있었다. 그런데 40대로 보이는 남자가 느닷없이 성난 볼멘소리로 그를 쳐다보며, "여보소! 거 리어카 좀 치워요! 사람이 다닐 수가 있나. 제기랄!" 하며 말하더란다. A씨는 리어카를 힐끔 쳐다보며, "그거 내 것이 아닌데요."라고 대꾸하고는 자신도 그것을 피하여 걸었다. 식사 후 잠깐 산책 좀 하려고 나왔다가 어처구니없는 핀잔을 받았다.

A씨는 결혼 초에 아내의 의심을 많이 받던 남편이었다. 아내가 사주는 내의는 싫다고 하며 잘 입지 않았다. 그의 아내는 속옷에 투자할 일이 있나? 하며 늘 싸구려를 사 가지고 왔으며 남편은 그것을 못마땅하게 여기며, 좀 쓸 만한 것으로 바꾸어 오라고 했다.

그러면 아내는 "아니, 남이 보지도 않는데 왜 비싼 속옷을 입느냐"며 자주 다투었다. 이 남자가 애인을 따로 두고 있나보다 하며 속옷을 벗을 때마다 검사를 했다. 립스틱 묻은 자리가 있나, 향수 냄새가 나는지 샅샅이 살펴보고 나서야 빨래통에 넣었다.

1년이 지나고 2년이 지나도 그런 흔적은 발견되지 않아서 안심을 하면서도 풀리지 않는 수수께끼였다. 어느 때는 일부러 속옷보다 싼 겉옷을 사다 주어도 "좋네!" 하며 불평 없이 입었다. 어느 날 저녁 밥상머리에서 그녀는 남편에게 이 풀리지 않는 문제를 묻기로 했다. "왜 당신은 남이 보는 겉옷은 신경을 안 쓰고, 보이지 않는 속옷에만 신경을 쓰느냐"고…. 남편은 빙그레 웃으면서 다음과 같이 대답하였다.

"나를 속이는 것 같아서 싫은 거야. 남이 안 본다고 남루한 속옷을 입는 것은 결국 나 자신을 속이는 것 아니겠어. 겉옷이야 남이 어떻게 평가하던지 나는 상관 안 하지. 내 속이 근사하니까."

요즈음 우리와 우리 사회는 외형적인 것에 절대 평가를 하고 있다. 내면의 세계가 절대 평가를 받아야 되지 않을까? 외형적인 것에 지나친 가치관을 두어 속빈 강정으로 살아가는 모습이 안타깝기 그지없다. 속을 채워서 실속 있게 살아야겠다.

A씨는 겨울에도 실속 있는 내의를 입어서 추위를 모른다고 한다. 제아무리 털옷을 잘 입어도, 속옷을 챙기지 않으면 칼바람이 몸속으로 스며든다. 이제부터라도 정신 차려 속을 채웠으면 좋겠다.

(2006. 1. 15)

3

덕유산의 향기

孤 島

어두움이 짙은 곳에서 그는 기지개를 켜 본다.
캄캄한 밖은 별빛도 찾을 수 없다.
눈을 껌벅거려 보지만 물체가 보이지 않는다.

태양이 치솟아 올랐다.
눈부신 햇살이 나뭇가지 위에 내려앉는다.
검은 흙에도 햇살이 섞여 반짝반짝 빛을 토한다.
산새 한 마리 새벽을 깨우며 창공을 가른다.

孤島! 茫茫 大海에 외롭게, 힘겹게 솟아 있는 바위 섬!
세찬 파도와 수많은 세월을 겨루었고,
수면 아래로 내려 앉아 사라지는 양 하더니,
다시 올라 숨을 몰아쉬고 魂을 찾은 너!
검게 탄 가슴 水面에 내어 놓고 오늘도 식히는구나.

갈매기 끽 끽 날개를 휘젓고 지날 때
파도 소리 빌어서 불러 보지만
멀어져만 가는 갈매기
恨을 풀지 못해 검게 탄 너!
찾아 줄 이를 위하여 오늘도 쓸고 닦는 너, 孤島여!

가랑비

할 말을 잃었다. 그때서야 후회가 되었다. 공부가 무슨 소용이 있겠는가! 이렇게 건강을 잃는다면. 유난히 마음이 여리고 몸도 약한 아이를 내 의지로 진로를 정하고 몰아붙였으니,

회색빛 하늘이 낮게 내려앉았다. 철쭉꽃이 피어서 온통 산을 붉게 물들이더니 어느새 그 꽃잎은 퇴색한 모습으로 산골짜기에 떨어져 있다. 어떤 것은 연녹색 나뭇잎 위에 떨어져 온 영양을 이파리에 주고 자신은 갈색이 되어 붙어 있다.

나뭇잎은 꽃잎을 측은히 생각하며 품에 안고 자신이 받을 햇살까지도 그 위에 내려앉게 한다. 산새들이 아침을 깨우며 이리저리 날면서 나뭇가지를 흔든다. 가끔 까치도 합세하여 "까악 까악" 하며 산새들의 뒤를 쫓아간다.

며칠간 산에 오르지 않은 사이에 아카시아 꽃은 만개하여 그 진한 향기가 온 산에 진동을 한다. 어느 향수가 이보다 더 진할 수 있을까. 깊은 호흡으로 향 내음을 들이마셔 본다.

하얀 꽃송이들이 나뭇가지에서 탐스럽게 늘어져 있는 길을 따라 걷는다. 평소 같으면 산 중턱까지는 왔을 텐데 꽃향기에 취해 아직도 초입에서 어정거리고 있다. 가는 물방울 하나가 얼굴에 사뿐히 내려앉는다. 나뭇잎에서 떨어지나 싶어 녹색으로 짙어져 가는 한 이파리를 쳐다본다.

치켜 올린 얼굴에 가는 비가 다시 닿는다. 회색빛 하늘은 드디어 가랑비를 내린다. 아직 옷이 젖을 정도는 아니어서 우산을 피지도 않고 늘 오르던 산길을 보통 걸음으로 올라가고 있었다. 산 정상이 가까워지자 가랑비는 굵은 빗줄기로 변했다. 우산을 폈다. 주위를 돌아보니 산에는 아무도 없었다. 비가 온다는 일기예보 때문에 사람들이 오늘은 아침 운동을 접었나 보다. 마음이 급해지기 시작했다. 우산을 받쳐 든 채 급한 걸음으로 내려오다 미끄러져 넘어질 뻔하기도 여러 차례였다. 바람도 세차게 불어 우산은 머리만 가려 줄 뿐이다. 빗줄기는 이리저리 바람을 타고 옷을 적신다.

막내딸이 미국 유학 중에 있을 때다. 2년제 컬리지를 마치고 4년제 대학으로 편입을 해야 하는데 자신은 기도하며 정한 학교가 있다고 했다. 딸아이는 그 학교로 가고 싶다고 전화로 알려 왔다. 나는 딸의 말은 귓전으로 듣고, 딸이 신청한 대학 중에서 가장 좋은 학교로 가라고 했다. 이미 입학 허가를 다 받아 놓았으니, 걱정할 것이 없다고 했다. 그러나 딸은 자기가 기도하며 정한 학교라며 뒤끝을 흐렸다. 신학은 철학이나 심리학을 공부하고 난 후에 하는 것이 훨씬 도움이 된다며 나의 상식만 가지고 딸의 편입할 대학을 밀어붙였다. 마음이 여린 막내딸은 엄마의 뜻에 따라 소위 일류라는 대학의 심리학과에 편입을 하였다.

아무 연고도 없는 곳에 홀로 떨어져 공부하는 것이 안쓰럽기는 하였으나 1학기를 잘 지냈다. 성적도 우수하여 장학금을 받았다. 이대로라면 학업은 순조로우리라 믿었다. 여름방학이 되었을 때 한국에 오고 싶다고 했으나, 학교에서 소개하는 아르바이트를 하면서 공부를 계속하라고 했다. 딸아이는 엄마의 뜻에 따라 그렇게 하기로 하고, 한 방에 살고 있던 룸메이트들이 집으로 돌아갔기 때문에 월세를 조금 감해서 내기로 하고 계속 미국에 남아 있었다.

가을로 접어든 어느 날, 동생한테서 전화가 왔다. 막내가 많이 아프니까 언니가 와야 되겠다고 한다. 깜짝 놀라서 그날로 비행기 예약을 하고 다음날 미국으로 향했다. 아이는 눈이 퀭하고 몸이 많이 쇠약해 보였다. 딸아이는 나의 품에 안겨 훌쩍이며 눈물을 쏟았다. 그동안 혼자 감당하였던 시간들이 몹시도 힘겨웠던 모양이다. 편입하고 학기가 시작되었을 때에 한 보름을 같이 있었다. 딸은 아침을 가볍게 먹고 집을 나서면 점심을 먹을 시간이 넉넉지 않아 사과주스를 두어 병 가지고 갔다. 그것으로 점심을 때우고 강의가 끝난 저녁에서야 식탁에 앉아 제대로 식사를 할 수 있었다. 미국에서 대학 공부하기가 어렵다는 것을 그때서야 알았다.

나는 귀국하기 전에 동생 집에 들러서 곰국을 하루 종일 끓였다. 그리고 파와 마늘도 한 봉지씩 비닐 팩에 넣어서 급냉을 시켰다. 딸은 그것을 냉동실에서 꺼내어 데운 후 소금 간을 하여 먹으면 된다. 그렇게 손쉽게 먹을 수 있게 해놓고 왔건만 딸은 수십 개의 팩 중에서 몇 개를 꺼내 먹었는지, 냉동실은 여전히 곰국 팩으로 가득 찼다. 아이를 나무랐다.

"이렇게 안 먹고 다니니 어떻게 수업을 받을 수 있겠니!"

나를 바라보던 동생은 나를 나무랐다.

"언니는…, 먹고 싶지 않아서 그랬겠어? 시간이 없어서 그렇지! 학과 공부하기도 시간이 없는데, 언제 밥을 챙겨 먹으면서 다니겠어? 내가 가까이라도 있으면 챙겨주었을 텐데! 불쌍해! 다 언니 탓이야. 왜 이렇게 멀리 보낸 거야?"

할 말을 잃었다. 그때서야 후회가 되었다. 공부가 무슨 소용이 있겠는가. 이렇게 건강을 잃는다면. 유난히 마음이 여리고 몸도 약한 아이를 내 의지로 진로를 정하고 몰아붙였으니, 이 모든 결과가 나의 잘못이다. 내 딸에게 그 환경과 어려운 공부가 얼마나 짐이 되는가는 전혀 생각지 않았으니 말이다.

가랑비가 굵은 빗줄기로 변하여 쏟아지면서 옷자락을 흠뻑 적신다. 잿빛 하늘도, 가랑비도 이 굵은 빗줄기를 예고했건만, 지혜롭지 못하고 정상까지 오르겠다는 나의 고집으로 인하여 퍼붓는 빗물 속에 적셔지고 있다. 사랑하는 막내가 이 못난 애미의 아집으로 인하여 가랑비를 폭우로 맞은 것 같아 지금도 가슴이 메어져 온다. (2007. 5. 18)

토요일 오후

네 아이와 어른 다섯이 둘러앉으니 상이 빽빽하다. 올갱이 아욱국과 촌장님이 주신 상추, 쑥갓이 된장과 함께 상에 올려졌다. 모두들 입 안 가득 초록빛을 머금고 웃음을 터트린다.

새벽을 깨우는 참새들의 재잘거림으로 아침은 열린다. 그들의 수다를 들으면서 침대에서 뒤척이다 보면 자명종이 다섯 시를 알려 몸을 일으킨다. 일기예보에 의하면 오늘 비가 온다고 했는데 하늘은 푸른색으로 시원한 바다를 연상시키고 있다.

정원으로 나가서 지난밤을 보낸 앵두나무, 산자두, 살구나무, 키가 훌쩍 커서 2층 베란다를 넘어선 감나무 등과 아침 인사를 한다. 나무 그늘 때문에 잔디가 잘 되지 않는 정원 한 편에 심어 놓은 상추, 부추, 방울토마토, 오이와 몇 개의 화분에 심어 놓은 고추 등을 다음으로 살펴본다.

오이는 하룻밤 사이에 부쩍 컸다. 포도나무를 타고 올라가는 세 폭의 오이 넝쿨이 무척 빠르게 기어 올라간다. 방울토마토도 졸망

졸망 달려서 볼이 빨개지기를 기다리고 있다. 분에 심어 놓은 고추가 어느 틈에 자라서 흰 꽃을 피우더니 그 자리에 고추가 달려서 땅을 내려다보며 탱탱하게 살을 올리고 있다. 이들을 바라보며 눈 맞춤을 하고 있는 동안 잔디는 묵묵히 올려다만 보고 있다. 더욱 짙은 녹색으로 카펫이 된 자신들을 보아 달라는 듯이 보인다. 그들에게 미소를 보내고 고무호스를 잡아 당겼다. 오후에 쏟아질 뜨거운 햇살에 지탱할 수 있도록 그들에게 필요한 물을 주어야 되겠다는 생각이 들어서였다.

초인종이 울린다. 외손자 녀석들의 왁자지껄한 말소리와 함께 놀토(수업이 없는 토요일)인 오늘 그들과 함께 야외로 나가기로 약속을 했다. 큰딸은 늘 일찍 서두르는 편이다. 아직 이르지만 아이들을 데리고 미리 도착한 것이다.

막내딸네 가족이 함께 하기로 되어 있어서 전화를 했다. 지난밤에 갑자기 큰녀석이 열이 나서 아침에 병원 문을 여는 대로 다녀와서 우리 집으로 오겠다고 한다. 아홉시는 넘어야 될 것 같다. 우리의 여정이 순조로울 것 같지 않았다. 토요일에는 어디든지 길이 많이 막히므로 일찍 출발하려고 한 것인데, 돌발적인 사건이 발생하였으니 어쩔 수가 없었다.

작은사위와 아픈 녀석이 병원을 다녀와서 출발하게 된 시간은 열시가 가까워서이다. 양평 쪽으로 나가기로 어제 약속을 했는데, 집에서 나와 월곡 램프에서 내부 순환도로를 올라갔으나 차의 행렬이 끝이 안 보인다. 양평까지 가려면 한나절은 더 걸릴 것 같다. 차 두 대로 나간 우리 일행은 행선지를 바꾸기로 하고 핸드폰으로 연락을 했다. 막내딸의 제안으로 남양주시 별내면에 있는 '하이디 하우스'로 가기로 하고 내부 순환도로에서 신내동으로 나오는 출구로 내려와 태능 쪽으로 방향을 틀었다.

하이디 하우스로 가는 길은 훤히 뚫려서 녹음이 짙은 사잇길을 가면서 오랜만에 여유와 한가로움을 느꼈다. 점심을 먹기에는 이른 시간에 도착한 우리는 12시까지 기다리면서 들꽃과 장다리꽃이 만발한 뜨락을 돌아보기로 했다. 우리보다 먼저 도착한 가족들도 보인다. 남편은 호기심에 차서 오르락내리락하며 이곳저곳을 살핀다. 외손자 세 녀석과 외손녀는 들꽃을 좇아 이리저리 뛰어다니며 땀을 뻘뻘 흘린다.

나는 몇 번 이곳을 와 봤기에 시원한 지하수를 마시려고 종업원에게 그릇을 부탁하였다. 컵을 주기에 지하수를 받아서 한 컵을 다 마시고 났는데 뒤에서 "사모님" 하고 부르는 소리가 들였다. 뒤이어 "저를 따라오세요" 한다. 무슨 영문인지도 모르고 따르려 하자 그는 나의 얼굴 표정을 살폈는지, "상추와 아욱, 쑥갓을 좀 뜯어 가세요" 라고 한다. 이 말에 장다리꽃 앞에서 쉬고 있는 큰딸을 불렀다.

헐렁한 빛바랜 티셔츠에 반바지를 입고 챙이 있는 허름한 모자를 눌러 쓴 그 사람은 우리를 앞에 있는 텃밭으로 데리고 갔다. 거기에는 빨간 적상추와 쑥갓, 아욱 등이 빽빽하게 들어 차 있었다. 그분은 여기저기서 상추를 포기 째 뜯어 주었고, 아욱도 연한 잎들만 뜯어서 나의 비닐봉지에 넣어 주었다. 봄에 소똥 장사가 오면 그것을 사서 비료로 쓴다고 했다. 우리 정원에 심어 놓은 상추나 쑥갓, 아욱과는 그 모습이 달라 보였다.

나무 그늘 때문인지 야채가 제 맛이 안 난다고 했더니, 사람은 나무 그늘의 혜택을 보지만 식물은 아니라고 했다. 맞는 말인가 보다. 야채들의 모습이 윤이 나면서 실해 보인다. 우리 집 것은 야리야리한 것이 손만 대면 금세 잎이 찢어져서 갓난 아이 다루듯이 한다. 상추의 빛깔도 연둣빛이다. 그분은 큰딸의 손에 쥐여진 비닐 봉투와 나의 비닐 봉투에 더 이상 넣을 수 없을 만큼 가득 채워 주었다. 아욱국을 끓일 때에 올갱이를 넣으면 맛이 기차고 한다.

밭에 엎드려 몇 마디를 주고 받았다. 그는 13년 전에 작은 알프스 하이디 하우스를 개업하였고 시와 음악을 좋아하여 요즈음은 연간 행사로 시 낭송회와 음악회를 열고 있다고 한다. 올갱이 이야기를 하기에, 충청도 분인가 했는데 대구 출생이라고 한다. 남편이 충청도 사람인데 올갱이국을 좋아하여 순간 생각이 나서 고향을 물었더니 그리 대답하였다. 시인으로 등단하여 시집『언덕에 풀꽃에게』를 펴냈다고 한다. 큰딸애와 내가 감사하다는 말을 하자마자 그분은 옆에 공사가 한창인 연꽃이 피어 있는 연못 쪽으로 발걸음을 옮겼다.

우리는 부자가 된 느낌으로 봉투를 가슴에 안고 정차하여 둔 차 쪽으로 향했다. 창문을 조금 열어 놓고 차 안 그늘진 곳에 야채 봉투를 놓았다. 집에 돌아갈 때까지 시들지 않고 제 맛을 간직하기를 바라면서 말이다. 우리 둘이 장다리꽃 만발한 곳으로 돌아왔을 때에는 건물 안에 이미 주문한 점심이 나와 있었고, 남편을 비롯한 막내딸과 막내사위, 외손자 셋과 외손녀가 이미 상 주변에 앉아서 수저를 들고 있었다. 요즈음 큰딸의 장남인 대희가 비만을 면하기 위하여 야채 위주로 식사를 한다. 그 아이는 산채 비빔밥으로, 다른 아이들은 돈가스를, 우리는 낙지와 면을 볶은 요리를 시켜서 먹었다. 시원한 미역국이 있어서 매운 낙지볶음을 먹고 속을 달랠 수 있었다. 큰사위가 있었으면 좋았을 텐데…. 사위는 해외에서 손님들이 와서 세미나 준비로 인하여 오늘 함께 하지 못했다. 대희의 학원 시험이 3시 30분이라고 하여 차를 마신 후 서둘러 집으로 돌아왔다.

저녁은 촌장 차홍렬 선생님이 주신 아욱으로 올갱이국을 끓이기로 했다. 큰딸과 외손자 대희는 시험을 마치고 다시 오겠다며 작은 녀석을 집에 두고 갔다. 막내딸의 아들 서영이와 작은 녀석, 준희는 며칠을 붙어 있어도 싸우지 않고 잘 논다. 분당에 사는 아들이 아이들과 함께 오는 날이면, 친손자 도경이와 셋이 죽이 맞아서 시간 가는 줄 모르고 돌아갈 시간들을 자신들이 정하여 놓고 부모를 조른다. 나이차가 없어서 일까?

시장에서 살아 있는 올갱이를 살 수 있었다. 하이디 하우스에서 가져온 아욱을 큰 플라스틱 그릇에 담고 한 번 물로 씻은 후 박박 으깨었다. 초록 물이 그릇 가득 담긴다. 찢겨진 아욱 잎을 채반에

건져 놓고 나뭇잎 색깔의 물을 쏟아 버린다. 다시 한 번 헹구어 올갱이 육수에 넣는다. 이미 된장은 풀어져 있다. 맛을 더하기 위하여 멸치와 표고버섯, 다시마 가루를 조금 넣는다. 한소끔 끓여졌을 때에 부추를 넣었다. 육수를 내기 위하여 끓인 올갱이는 하나하나 바늘로 속을 꺼내어 국이 다 끓었을 때에 넣었다. 마지막에 파와 마늘 다진 것으로 양념을 마쳤다.

7시가 다 되어서 대희가 시험을 치루고 돌아왔다. 정원에 돗자리를 깔고 둥근 상을 놓았다. 네 아이와 어른 다섯이 둘러앉으니 상이 빽빽하다. 올갱이 아욱국과 촌장님이 주신 상추, 쑥갓을 된장과 함께 상에 올렸다. 모두들 입 안 가득 초록빛을 머금고 웃음을 터트린다. 목이 메여 오는가 싶으면 올갱이 아욱국을 서너 숟갈씩 떠 넣는다.

밤이 이슥해져서 별빛을 바라보며 큰딸네와 막내딸네가 돌아갔다. 아직도 정원에는 돗자리가 깔려 있고, 하이디 하우스의 촌장 차 선생님의 푸근함과 넉넉함이 달빛에 감겨 행복함으로 눕는다. 오늘밤에는 고맙고 미안한 마음에서 사 가지고 온, 『메밀밭에서 쓰는 편지』라는 시 낭송 시집을 펴서 나의 가슴을 채색하리라.

(2007. 6. 23)

이 여름날의 마지막 하루

계곡에 그림자를 드리운 소나무의 자태가 아름답다. 물속의 크고 작은 돌들을 지나며 흐르는 물소리가 세상 때를 다 휩쓸어 안고 떠나간다.

8월 들어서 거의 매일 장대비가 쏟아져 7월 장마를 무색케 하고 있다.

새벽 6시에 막내딸이 서영이와 나영이를 데리고 왔다. 남편의 서두름에 복장을 제대로 갖추지도 못하고, 보이는 대로 주워 입고 아이들과 함께 차에 올랐다. 막내는 남편이 처리할 일이 있어서 9시 넘어서 함께 약속 장소로 오겠다고 한다.

날씨가 흐려서 전조등을 키고 내부 순환도로로 올라갔다. 구리 IC를 지나서 중부 고속도로로 들어갔다. 휴가철 막바지이자 공휴일인 오늘, 고속도로가 막힐 것을 대비하여 아들과 큰딸, 막내딸에게 아침 8시에 음성 휴게소에서 만나기로 지난 주말에 약속을 하였다.

오는 도중에 외손자 외손녀는 둘이 주고 받고 떠들더니 일곱 살짜리 외손녀가 졸린다고 한다. 한 살 위인 오라비가 자신의 다리를 펴서 허벅지에 동생의 머리를 올려놓게 하고 등을 토닥여 준다. 깨우지 말라고 하였으나 다 왔으니 내리라고 동생의 머리를 흔들어 깨워서 결국 눈을 비비며 나영이는 차에서 내렸다. 아이들과의 약속 시간은 40여 분이 남았다. 휴게소에 놀이터가 있어서 그쪽으로 아이들을 데리고 가서 기다리기로 했다.

먼저 큰딸이 남편과 두 아들을 데리고 나타났다. 8시가 넘었으나 아들네 가족은 보이지 않았다. 점심은 동생이 사게 되었다며, 큰딸 아이가 그럴 줄 알았다며 함박웃음을 터트린다. 남편도 거들면서 며느리가 꼼지락거려서 늦을 거라고 한다. 드디어 20여 분이 지나서 아들은 손녀딸과 손자를 데리고 나타났다.

우리는 점심 이야기를 하며 한바탕 웃었다. 열한 살인 손녀딸은 열세 살인 외손자를 보며, "오빠" 하고 그의 품에 안긴다. 큰딸의 둘째가 아홉 살인 준희이고, 막내의 큰아들이 여덟 살인 서영이다. 아들의 둘째가 도경이며, 여덟 살이나 생일이 시월이라 아직 어려 보인다. 이들 셋이 한 덩어리가 되여 뛰어다닌다. 그 속에 막내딸의 막내 나영이가 오빠들의 뒤를 쫓아다닌다.

아이들이 아침 준비를 못할 것 같아서 5시에 일어나 참치 샌드위치를 준비하였다. 큰딸이 김밥을 펼쳐 놓는다. 우리는 놀이터에 있는 테이블에 준비해 온 음식을 놓고 먹었다. 남편은 아이들에게 뭐 원하는 것이 있으면 사 주겠다고 하나 애미들이 말렸다. 몸에 좋지 않으니 사지 말라는 것이다. 남편은 내 돈이 안 나가니 다행이다 하면서도 씁쓸한 표정이다.

오늘의 행선지는 남편의 고향인 충청북도 괴산에 있는 쌍곡 계곡이다.

우리와 아이들 세 가족이 함께 만나자고 여름 동안 벼르고 별렀으나, 아이들의 학원 시간이 각각 다르고 부모들이 직장에서 스케줄이 다르고 하여 맞추기가 퍽 어려웠다. 오늘도 사업하는 막내 사위가 결국 합류하지 못하고 부부가 따로 오기로 한 것이다.

속리산에서 흘러 내려오는 쌍곡 계곡에 도착한 시간은 9시 반이였다. 오는 동안에도 비는 오락가락하였으며, 구름은 산허리를 휘감고 흘러가고 있었다.

도착하자마자 아이들은 수영복으로 갈아입고 물속으로 뛰어 들었다. 비가 계속 와서 물이 흙탕물이 아닐까 했는데, 아주 맑다. 계곡에 그림자를 드리운 소나무의 자태가 아름답다. 물속의 크고 작은 돌들을 돌며 흐르는 물소리가 세상 때를 다 휩쓸어 안고 떠나간다. 물소리뿐이던 계곡에 우리 아이들의 왁자지껄하는 웃음소리가 가득 채워진다.

수영을 배운 손녀딸 세림이와 대희가 깊은 물속에서 자유형으로 앞서거니 뒷서거니 하고 있다. 꼬마들은 얕은 물에서 물을 서로에게 뿌리며 눈에 맞은 물을 훔쳐 내리고 있다.

물가에 돗자리를 깔고 며느리와 큰딸은 짐을 푼다. 아들과 사위가 물끄러미 아이들 노는 것을 바라보더니 드디어 물속으로 풍덩 뛰어 들었다. 보이지 않던 남편도 어느새 물속에서 허우적거리고 있었다. 잠시 후 저희 오빠들과 떨어져 있는 외손녀, 일곱 살배기 나영이를 가슴에 안고 깊은 곳으로 들어간다. 나를 보며 물속으로 빨리 들어오라고 한다. 며느리와 큰딸에게도 이 좋은 물에 들어오지 않으면 평생 후회한다며 종용했다. 우리는 발을 담그기로 하고 계곡 물을 향하여 걸어 내려갔다. 발에 물이 닿자마자 "어머, 차가워!" 하며 세 여자가 소리쳤다. 순간 아이들이 감기 걸리지 않나 하는 생각이 들었다. 허나 아이들은 물놀이에 정신이 없었다.

10시가 넘어서자 사람들이 꾸역꾸역 몰려 들어와 계곡을 메우기 시작하였다. 12시가 넘자 계곡 물에 사람들이 많아졌다. 사위는 아이들을 모두 데리고 상류로 거슬러 올라갔다. 막내에게 전화를 했더니 차가 많이 막혀서 시간이 걸린다고 하며 기다리지 말고 행동하라고 한다. 결국 그들은 오후 2시 반이 다 되어서 고무보트를 가지고 나타났다. 그때에 상류에 가 있던 아이들이 하나둘씩 내려왔다. 고무보트를 보더니 아이들은 흥분하여 올라타고 뒤집어지고 야단이다.

제일 큰 녀석, 대희가 한 사람씩 타라고 명령을 한다. 노는 자기가 젓겠다면서 아이들은 줄을 서서 목을 빼고 기다렸다. 세림이 혼자 보트 끝에 매달려서 발장구를 치며 따라 다닌다. 막내 사위에게 시간이 없으니 빨리 물속으로 들어가라고 했다. 그가 물속으로 들어가면서 넋을 놓고 아이들을 바라보고 있던 큰사위의 등을 밀어 물속에 엎어지게 하였다. 이를 보고 있던 주위 사람들이 폭소를 터트렸다. 그는 돗자리에 앉아 있던 아내의 손을 잡더니 계곡 물속으로 끌고 갔다. 평상복을 입은 막내는 킬킬거리며 어떻게 해 하며 난처해하였다. 브래지어며 팬티가 리얼하게 비쳤다.

고무보트는 마지막에 도경이에게 주어져 노를 젓고 있다. 3시 반이 넘자 상경할 일이 걱정이 되여 떼를 쓰며 놀지 못했다고 아우성치는 아이들의 소리를 계곡 물속에 함께 떠내려 보내고 차에 시동을 걸었다.

괴산 시내로 되돌아오는 중에 올갱이 해장국 집이 있다. 늦은 점심을 먹기 위하여 할아버지가 좋아하는 이 집으로 다 들어갔다. 아이들은 "올갱이국이 뭐가 맛있어" 하면서 시큰둥하였으나 선택이 주어지지 않았다. 워낙 배가 고파서인지 다들 그릇을 비우고 서둘러 일어섰다. 아이들은 각자 알아서 자신들의 부모 차에 올라탔다.

우리 차에는 나와 남편만 남았다. 아이들에게 조심해서 상경하라고 말하고는 우리가 먼저 출발하였다. 뒤이어 세 대의 차가 쫓았다. 남편이 괴산 막걸리로 반주를 하여 상경길에 운전은 내가 하였다. 곤지암에 이르자 차는 막히기 시작하였다. 하남에서는 더욱 심했다. 아들한테서 전화가 온 모양이다. 자기가 살고 있는 분당에서 저녁을 먹자고 한다. 아이들이 보채서 다시 분당에서 2차를 하나보다. 남편은 우리를 기다리지 말고 너희들끼리 하라고 한다. 우리는 아직 배도 꺼지지 않았다고 한다.

차가 하남을 지나서 구리를 향할 때에 억수 같은 장대비가 쏟아져 와이퍼가 차창을 쉴 새 없이 닦아대도 앞이 보이지 않는다. 차도 밀리지만 설설 기어갈 수밖에 없었다.

쌍곡 계곡에서 아이들이 놀 때에는 따가운 햇살까지 볼 수 있었으니 얼마나 감사한지! 우리 아이들의 앞날에 태양 빛이 늘 함께하기를 기원하며, 장대비 속을 더듬는다.

말복이 지났으니 오늘은 이 여름의 마지막 날이 아닌가 한다. 어느 틈엔가 귀뚜라미가 귀뚤귀뚤 하며 가을을 물고 와서 알린다.

(2007. 8. 15)

막내의 굿 뉴스

엄마! 새언니에게 굿 뉴스(Good News)를 전해줘요.
뭐! 복음이라고….

찬바람이 뼛속까지 스며든다. 며칠째 영하 10도 이하를 감도는 기온이다. 길을 걷는 이마다 코트 깃을 세운 채 그 속에 목을 움츠려 넣고 입에는 큼직한 마스크를 하여 눈을 뺀 나머지 부분은 거의 다 가렸다. 종종걸음이 그들을 재촉한다.

작년 12월 말경부터 집안에 행사가 연이어졌다. 성탄절에 세 아이들의 가족이 다 모였다. 24일 밤에 미국에서 귀국한 어미인 나를 보기 위해서이다. 며느리는 식당에서 분주히 음식을 준비한다. 우리 부부까지 열네 식구의 음식을 집에서 마련하는 일은 쉽지 않은 모양이다. 옆에서 도우려는 시누이들을 다 내보내고 혼자서 열중하고 있다. 아들이 가끔 들락거리며 자기 처의 어깨를 토닥여 주는 모습이 보인다.

거실에서는 어머니의 임종과 장례를 치룬 이야기를 하는 나에게 온통 시선들이 집중되어 있다. 주무시다가 편히 하늘나라에 가셨고, 입관식과 환송 예배 때에는 곱게 단장하신 모습을 모든 조문객들이 볼 수 있었다는 이야기를 해 주었다.

하관식이 있기 전 로즈 힐스 메모리얼 파크로 이송될 때에 모터사이클을 탄 미국 경찰들이 에스코트를 하였다. 평소에도 고속도로 달리는 것을 좋아하셨던 어머니의 영혼이 그 행렬을 보고 흐뭇하셨을 것이라 했다.

이야기를 열심히 듣던 아이들이 갑자기 크리스마스트리를 향하여 달려갔다. 그들은 자신들의 이름이 적힌 빨간 산타 할아버지의 양말을 찾는다. 벌써 한 녀석은 찾아서 카드에 적힌 내용은 읽을 생각도 않고, 그 속에 있는 초콜릿만 꺼내서 "우와" 하며 봉투를 찢는다. 순식간에 거실은 아수라장이 되었다. 여섯 명의 아이들이 양말을 휘휘 아무데나 내어 던진다. 선물 포장지도 아무렇게나 찢겨져 던져져 있다. 이 선물들은 미국을 떠나기 전에 잠시 쇼핑몰에 들러서 산 것들이었다. 서로 상대방의 선물을 보며 자기들 것을 들여다본다. 호기심에서 쳐다보았으나 똑같은 선물에 아이들은 실망하는 눈빛이다.

며느리와 두 딸들이 상차림을 한다. 둥근상 두 개를 거실 가운데를 비우고 양쪽 끝에 펼친다. 중앙은 통로로 음식을 나르기 위하여 비워 두는 듯 했다. 야채샐러드와 갈비찜, 생선, 전 등이 푸짐하게 차려졌다. 막내가 올케 언니의 음식 솜씨를 칭찬한다. 자기는 시댁 식구들에게 제대로 대접을 못한다고 한다.

“아가씨도 잘 하면서 괜히 그래요.” 하면서 며느리는 만족한 미소를 입가에 지었다. 점심, 저녁을 그렇게 푸짐하게 먹고 밤 9시가 넘어서 헤어졌다. 그래도 아이들은 시간이 없어서 제대로 못 놀았다면서 투덜대며 설날인 1월 1일 만나자고 한다.

매년 양력으로 설을 맞이한다. 신년이 되면 1월 1일은 하루만 공휴일이지만 가족이 다 모일 수 있어서 좋다. 딸네 가족들도 올 수가 있다. 그들은 구정 때 시댁에 간다. 또 한 가지는 늘 바쁘게 지내는 아들을 위하여 구정에 식구들끼리 오붓하게 휴식을 가져보라는 나의 배려도 있는 것이다.

설날 아침에 또 다시 모였다. 9시 반경 신년 가족 예배가 아들의 사회로 시작되었다. 금년에도 하나님의 은혜와 축복이 각 가정과 이 나라와 세계 위에 임하여 주실 것을 기도한다. 예배를 마치자마자 세배를 하려고 꼬마들이 올망졸망 할머니, 할아버지에게 모여든다. 이때 며느리가 아이들을 향하여 세배는 식사 후에 하자고 한다. 음식이 식으니까 안 된다고 한다. 그 말을 들은 애들은 머쓱하여 물러난다. 오늘도 며느리는 하루 종일 식사와 후식을 차린다고 식당을 떠나지 못했다.

밤늦게 온가족이 흩어졌다. 며칠이 지났는데 막내한테서 전화가 왔다.

“엄마! 새언니에게 굿 뉴스(Good News)를 전해줘요. 호호호.”

뭐! 복음이라고…. 성경을 떠올렸다.

"아니! 얘가 무슨 소리람?"

그때에 막내가 말했다. 엄마의 이번 생일잔치는 자기가 차리겠다는 것이다. 이 말을 전해들은 큰딸은 나에게는 복음이 아니라 걱정이 생겼다고 한다. 자기는 무엇을 해 가지고 가야 하나 한다. 동생을 못 믿겠다는 것이다. 그러나 며느리에게는 틀림없이 굿 뉴스이다. 곧 나의 귀빠진 날이 올 텐데, 막내 때문에 편하게 시애미의 생일잔치를 치룰 테니까. (2008. 1. 18)

작은 산새의 둥지

그 녀석은 잎 속으로 숨었다. 아아! 저기 비밀이 있나보다. 잎 속에서 나와 앵두나무 위에 앉는다. 그 순간 보물이라도 발견할 듯이 새가 떠난 자리를 살피기 시작했다.

햇살이 연녹색 잎들 위에서 눈부시게 반짝이고 있다. 가끔 바람이 불어와 흔들어 보지만 햇살은 옅은 미소만 머금은 채 잎들과의 사랑에 푹 빠져있다.

정원에는 라일락꽃이 지고 또한 영산홍과 철쭉이 지고 있다. 베라켄사스에는 흰 꽃망울이 꽃잎을 터트리려 하고 있다. 이 나무는 거실 앞 화단에서 좌측으로 슬라브 지붕 아래에 위치하고 있다. 나의 서재에서는 유리창 하나를 사이에 두고 있다.

며칠 전부터 창 옆에서 이상한 소리가 들려왔다. 창문 밖에는 베라켄사스가 있고, 안에는 책상 위에 컴퓨터가 놓여 있다. 그 소리는 컴퓨터를 사용할 때나 안할 때나 똑같이 들려왔다.

처음엔 컴퓨터에 이상이 있나 하고 몇 번이나 켰다 껐다를 반복

하였다. 룸메이트인 그이도 거실 탁자 앞에 앉아서 무슨 소리가 난다고 한다. 우리는 정원으로 나갔다. 나무들이 있는 곳에서 떨어져 대문 앞에 바싹 붙어서 주위를 살폈다. 참새, 까치, 어치들이 나뭇잎 속을 헤치며 숨바꼭질을 한다.

이때 잔디 위에 살포시 내려앉아 팔짝팔짝 뛰는 작은 새가 보였다. 처음 보는 작은 새이다. 몸이 작고, 꼬리가 더 길어 보인다. 몸과 꼬리가 밝은 갈색인데, 꼬리의 색이 더욱 밝다. 참새 새끼보다 작아 보인다. 그 녀석은 눈을 혼란스럽게 했다. 동작이 얼마나 빠른지 앞에 보이는가 하면 순간 날아가 잎 속에서 재잘거리다가 그 소리도 사라지곤 한다. 갑자기 정원 모퉁이에 심어 놓은 상추밭에 나타났다. 주둥이로 땅속을 콕콕 두어 번 찍더니 파르르 날아서 베라켄사스 속으로 숨어버린다. 잠시 후 나와서 베라켄사스 나무 옆에 서 있는 겹철쭉의 가지 위에 앉아 바람을 쐰다. 그것도 잠시, 담장 옆 사철나무 숲으로 사라진다. 후드득 소리가 나서 베라켄사스를 바라보았다.

그 녀석은 나무 꼭대기에서 팔짝팔짝 두어 번 뛰더니 무성한 잎으로 뒤덮여 있는 곳으로 사라졌다. 그 녀석은 잎 속으로 숨었다. 아아! 저기 비밀이 있나보다. 잎 속에서 나와 앵두나무 위에 앉는다. 그 순간 보물이라도 발견할 듯이 새가 떠난 자리를 살피기 시작했다.

"여보! 여기 둥지가 있네!" 남편이 먼저 발견하고 벽 쪽으로 몸을 붙여서 베라켄사스 윗부분의 무성한 잎 속에 숨겨져 있는 둥지를 손으로 가리켰다.

"어머! 어떻게 여기다 둥지를 만들 생각을 하였을까?"

위를 올려다보니 비가 와도 그 둥지에는 빗물이 닿지 않을 것 같다. 2층 슬래브가 넓게 나온 베란다 아래이니 말이다. 작은 몸을 가진 앙증맞은 산새의 기지(奇智)가 놀랍다.

산을 좋아하는 사람들이 많아지고 있다. 휴일뿐만 아니라 주중에도 산에는 늘 사람들이 북적거린다. 이 작은 산새는 새끼들을 위한 둥지를 만들려고 얼마나 산속 나무들을 헤집고 다녔을까? 위험하기는 마찬가지이니 차라리 마을로 내려가 내 새끼 둥지를 만들어 보자하고 내려온 듯하다.

"작은 산새야! 미안하다. 눈만 돌리면 사방에 산이 있건만. 네가 안전하게 새끼를 감출 곳이 없다니!"

네가 새끼를 키워 함께 나를 수 있을 때는 네가 살던 그 산에 안심하고 안겨서 제이의 사랑을 하려무나. (2008. 5. 9)

덕유산의 향기

그 속에서 갓 따온 두릅과 참취가 나란히 누워 덕유산을 보여 준다. 그들의 향기가 집안 가득히 퍼진다.

외출에서 집에 돌아와 보니 택배 상자가 거실에 놓여 있다. 발신인을 보니 조카의 이름이 눈에 들어왔다. 순간 덕유산의 연녹색 잎들의 잔치와 계곡의 물소리가 풍경화로 눈앞에 그려진다.

조카는 직장 관계로 몇 년 전에 덕유산 가까이로 이사했다. 그 후 그는 거의 매일 산에 오른다고 했다. 작년 가을에 덕유산 단풍이 아름다우니 한 번 내려오면 좋겠다고 하여 갔었다.

계곡에서 흘러내리는 물소리를 들을 수 있는 곳에 그의 거처가 있다. 바로 산으로 들어갈 수 있는 거리이다. 울긋불긋 옷을 갈아입은 나뭇잎들은 연회에 나온 여인들의 성장한 모습 그대로이다. "어머" 산속을 들여다보며 감탄사를 터트렸다. 그대로 산속으로 달려 들어가 왈츠라도 추고 싶은 충동이 솟구친다. 내 몸이 산으로 향하려는 찰나에 조카가 나의 팔을 잡았다.

“숙모님! 차 한 잔은 하시고 올라 가셔야죠.”

“나 좀 봐라! 단풍에 정신을 다 빼앗겨 너도 보이지 않는구나. 미안하다. 어서 집으로 들어가자.”

그의 뒤를 따랐다. 그는 집이 있는 건물 뒤로 돌아가더니 구절초 꽃잎을 몇 개 따가지고 왔다. 3층으로 보이는 붉은 벽돌집 1층으로 안내하였다. 그는 방금 따온 꽃잎을 작은 쟁반 위에 놓는다. 옆에는 청잣빛 다기가 손님을 기다리고 있다. 찻물을 끓이면서 산을 벗 삼아 살아가는 기쁨을 전해 준다.

새벽 5시에 일어나 산을 오른 후 적당한 시간에 내려와 사무실로 출근한다고 한다. 새벽이슬로 바짓가랑이는 다 젖어도 몸으로 느끼는 그 상쾌함과 머리의 맑음은 뭐라고 표현하기 힘들다고 한다. 어디쯤 가면 무슨 나무가 있는지, 어느 새는 어느 나무를 좋아하여 꼭 그 나무에 앉아 아침을 노래하는지를 눈 감고도 알 수 있다고 한다. 그야말로 산 사나이가 다 되었다.

2년 전에 한 대학 연구팀이 덕유산에 살고 있는 새들과 동물들을 촬영하기 위해 온 일이 있다고 했다. 그들은 3일을 산에 텐트를 치고 촬영을 시도하였으나, 아무것도 제대로 찍을 수 없었다고 했다. 조카는 자신에게 하루만 맡겨도 다 찍을 수 있다고 했다. 자연이 있는 곳에 그대로 있게 하고 사람들은 자연을 피하여야 자연을 가까이 할 수 있다고 말한다.

어느새 물이 끓었다. 찻잔에 끓은 물을 부어서 다기를 데운 후에 물을 다른 그릇에 부었다. 끓은 물을 적당히 식힌 후 찻잔에 붓고 구절초 꽃잎 두 잎을 물 위에 띄웠다. 순간 꽃향기가 코를 자극하면서 방안 그윽이 퍼져나갔다. 커피만 좋아하는 남편도 그 윽한 향에 취했는지, "으음! 향이 좋구나" 한다. 그때 마셨던 차 맛과 향은 어디에서도 느끼지 못했다. 그 후 가을이 오면 가끔 조카와 구절초 꽃잎차가 생각난다.

또한 녹음이 짙어지기 전, 연녹색 잎들이 나풀나풀 거릴 때 그는 봄내음을 가져다준다. 지금 보고 있는 이 상자가 바로 그것이다. 박스를 열자마자 신문지에 정성스럽게 싼 것이 몇 봉지 보인다. 여러 번 말은 신문지를 살살 편다. 그 속에서 갓 따온 두릅과 참취나물이 나란히 누워 덕유산을 보여 준다. 그들의 향기가 집안 가득히 퍼진다. 그들을 살짝 데칠 때에 향은 지금보다 훨씬 진하게 풍겨온다. 이 봄을 놓치지 않고 나에게 보내온 조카의 정성과 따뜻함이 저녁 밥상을 풍요롭게 하리라.

(2007. 4. 20)

붉은 카네이션 한 송이

어머니를 천국으로 보낸 후 처음 맞이하는 어버이날이다. 붉은 카네이션 한 송이를 먼 타국에 묻히신 어머니에게 보낸다.

오늘은 어머니날이다. 꽃집마다 붉은 카네이션이 듬뿍 듬뿍 꽂혀있다. 어린아이부터 나이가 지긋한 분들까지 꽃을 고르기에 골몰하고 있다. 여러 색깔의 카네이션이 있지만 붉은 색이 가장 많이 팔리고 있다. 꽃집 안으로 비집고 들어갔다. 가장 향기가 짙고 잘 핀 한 송이를 집어 들었다. 꽃가게를 나오면서 나의 눈이 뿌옇게 흐려진다.

'어머니! 이 꽃을 어떻게 전해 드리나요? 로즈 힐스 메모리얼 파크에 누워 계시니 말이에요.'

어머니와는 작년 12월 5일 이별했다. 오래전에 막내딸의 아이들을 키워주기 위하여 미국으로 이민 아닌 이민을 갔다. 작년 5월에 있었던 외손자의 결혼식에 강건하신 모습으로 참석하셨다.

그러다가 어느 날인가 목욕을 홀로 하시다가 샤워실에서 넘어지셨단다. 그 후 몸이 점점 쇠약해지시어 결국 7개월 만에 하늘나라로 떠나는 환송식을 치렀다.

그 손자가 환송식에서 할머니의 일상을 들려주었다. 새벽 4시에 일어나서 샤워하시고 깨끗한 평상복으로 갈아입으시고는 얼굴에 스킨과 로션을 바른 후 곧바로 방바닥에 무릎을 꿇고 기도를 시작하신다. 기도는 한 시간 반 혹은 두어 시간 걸린다고 했다. 때로는 성경을 봉독하거나 찬송을 부르는데, 찬송가의 곡을 당신 마음대로 작곡하여 부르셔서 자기 방에서 폭소를 터트렸다고 한다. 그 말에 모인 조문객들도 웃음을 터트렸다.

어머니가 90세가 되던 해에 미국에서 가족회의를 열었다. 막내가 사업을 하기 때문에 집에는 어머니 홀로 계시는데, 청력과 기억력의 감퇴로 가끔 가스불도 켜 놓고, 화장실 물도 틀어 놓은 채 나온다는 것이다. 우리는 양로원으로 어머니를 보내기로 했다. 어머니는 "내가 너무 오래 살아 양로원까지 가는구나" 하시며 달갑게 생각지 않으셨으나 다른 도리가 없었다. 어머니의 쓸쓸하신 모습을 뒤로 한 채 나오면서 우리 형제자매는 한없이 울었다. 그 모습 속에서 먼 훗날의 나를 보는 듯 했다.

어머니를 천국으로 보낸 후 처음 맞이하는 어버이날이다. 붉은 카네이션 한 송이를 먼 타국에 묻히신 어머니에게 보낸다. 그곳에는 지금쯤 장미가 한창이리라. 그러나 어머니는 내가 보내는 이 붉은 카네이션을 받으시고 주름진 얼굴에 엷은 미소를 지으시리라.

(2008. 5. 8)

큰딸과의 한나절

어디선가 카우벨 소리가 아름답고 맑게 들려온다.
엷은 하늘색을 띤 장다리꽃 무리를 바라보며 먼 동화의 나라로 시간을 돌리고 있다.

교사인 큰딸이 이른 아침에 전화를 걸었다. 쉬는 토요일이라서 한나절의 시간이 비어 있으니 점심을 같이 하자며 장소를 생각해 두란다. 호젓한 곳에 있는 한 음식점을 머릿속에 그리며 딸이 있는 아파트로 차를 몰았다.

그녀의 집에서 우리는 딸의 차로 목적지를 향했다. 5월의 마지막 주를 향하여 달리고 있는 시간을 잊은 채, 싱그러운 녹색 잎들의 나부낌에 취하여 한적한 길을 여유롭게 갔다. 높지 않은 산 아래에 위치한 식당에 도착한 시간은 점심을 먹기에는 좀 이른 감이 있었다. 우리는 여기저기에 피어 있는 들꽃과 나무 판에 써 놓은 시를 읽으며 마음의 여백에 색칠을 시작했다.

작은 연못에는 고기들이 지하에서 퍼올리는 물소리를 들으며 햇살을 퍼트린다. 귀에 익은 고전 음악의 선율이 창포 잎, 엉겅퀴의

보랏빛 꽃, 흙에 바싹 붙어 몸을 비비고 있는 아리샤 흰 꽃, 키가 커서 흐느적거리는 장다리꽃 사이사이를 흐르며 흥을 부추긴다. 갤러리에서는 M화가의 작품들이 전시되고 있다. 작은 새를 수천, 수만 마리를 그려서 작품화 한 것이 작가의 무한한 노력과 인내를 느낄 수 있었다. 뜨락을 한 바퀴 돌아본 후 야외에 놓여 있는 테이블 앞에 앉았다.

장다리 꽃밭이 내려다보이는 곳이다. 테이블에는 수반에 물을 담아 들꽃 잎을 그 위에 그냥 띄웠다. 주문한 음식의 접시를 거의 다 비워갈 때쯤, 이 레스토랑의 촌장이 인사를 한다. 그는 테이블을 보더니 한 가지가 없다며 건물 안으로 간다. 바로 그는 적포도주 두 잔을 유리컵에 담아 왔나. 순산 우리는 "와우" 하며 환호성을 터트렸다. 한 잔에는 노란색의 한련 꽃잎을, 다른 잔에는 붉은색 꽃잎을 띄웠다. 고맙다는 말을 전하면서 사진까지 찍어 달라고 부탁하였다. 그는 쉽게 대답한 후 사진작가의 전용 카메라를 가져와서 서로 마주 보며 건배하는 포즈를 취하라고 한다. 모녀가 서로 눈동자를 바라보며 크리스털 잔을 짱하며 마주쳤다. 사진은 현상하여 꽂아놓을 테니 찾아가라고 한다.

어젯밤에는 촌장의 시 낭송회가 있었다. 아주 좋았다고 한다. 두 권의 시집을 가져와 자신의 사인을 해서 우리 모녀에게 넘겨주었다. 시집의 제목은 『봄의 열여덟 번째 프러포즈』이다. 어디선가 카우벨 소리가 아름답고 맑게 들려온다.

엷은 하늘색을 띤 장다리꽃 무리를 바라보며 먼 동화의 나라로 시간을 돌리고 있다. (2008. 5. 24)

융릉에서 만난 철쭉 꽃잎

이 꽃잎은 장조의 어떤 마음을 말하고 있는가? 검게 타들어 갔던 그의 심장이 재가 되면서 흰색으로 나타났고, 다 살지 못한 아쉬운 세월은 환상과 꿈이 어린 분홍빛으로 채색하였는가?

5월 중순경 융릉을 찾았다. 효자 아들 정조 대왕이 막 떼를 입히고 떠난 듯이 능 위의 잔디는 가지런하였고 연녹색은 치마폭을 펼쳐 놓은 듯 평온하였다.

능을 바라보며 뒤주 속에서 고통당한 사도세자의 마음을 잠시 헤아려 본다. 몸을 임신부 속에 있는 태아처럼 웅크렸을 것이며 그 사지의 뒤틀림으로 뼈 마디마디의 고통이 어떠했겠는가? 이런 육체의 고통도 고통이려니와 자신을 뒤주 속에 가둔 아버지에 대한 증오심과 원망이 얼마나 불타올랐을까.

그의 아버지는 부정(父情)보다 세도가 더 중했던가?

융릉은 조선 제 22대 정조(正祖)의 아버지인 장조(莊祖)와 그의 비인 헌경왕후 홍 씨가 묻힌 곳이다. 장조는 영조(英祖)의 둘째 아들로 맏아들 진종(眞宗), 효장세자가 요절하자 영조 12년(1736)에 두 살의 나이로 왕세자에 책봉되었다.

영조 25년(1749)에 부왕을 대신하여 서정(庶政)을 펼치면서 정치적 견해를 달리하는 노론들과 영조의 계비, 정순황후 김씨, 숙의(淑儀) 문 씨 등의 무고(誣告)에 의해 영조의 미움을 사 영조 38년(1762)에 뒤주 속에 갇혀 세상을 떠났다. 그 후 영조는 그의 죽음을 애도하는 의미로 사도(思悼)라는 시호를 내렸다. 그의 아들 정조가 즉위하여 1899년에 장조(莊祖)로 추존되었다. 장조의 무덤은 경기도 양주 배봉산(현재의 서울시 동대문구 휘경동) 아래에 있었는데 정조가 수원 화산(花山)으로 옮기면서 현륭원(顯隆園)이라 하였고, 장조로 추존된 뒤 능호를 융릉(隆陵)으로 높였다.

태양은 뜨거운 열기로 그의 애통하는 마음을 뿜어내고 있다. 그 열기 저편에서 흰 구름 두둥실 떠오며 푸른 창공을 바라보라 한다. 퇴색한 시간을 쫓다가 현재 속으로 돌아왔다.

능을 뒤로하고 나오는데 입구에 여러 그루의 철쭉꽃이 피어 있었다. 그중 한 그루의 나무에 이상한 꽃잎이 눈에 띄었다. 자세히 들여다보니 흰색 꽃으로 가지들이 늘어진 나무인데 한 가지에 딱 한 송이 꽃이 두 가지 색을 띠고 나풀거린다. 철쭉의 꽃잎은 5장이다. 그중에 2장은 흰색이나 3장은 분홍색이다. 한 송이에 두 색을 띤 꽃잎을 보는 순간 여러 생각들이 머릿속을 스쳐 지나간다.

이 꽃잎은 장조의 어떤 마음을 말하고 있는가? 검게 타들어 갔던 그의 심장이 재가 되면서 흰색으로 나타났고, 다 살지 못한 아쉬운 세월은 환상과 꿈이 어린 분홍빛으로 채색하였는가? 아니면 장조 자신은 흰색으로, 아들 정조 대왕은 분홍색으로 나타냈는가?

숨 죄이는 기구한 운명의 시대를 살다간 부자의 메마른 영혼이 한 송이 꽃으로 피어났는지도 모를 일이다. (2008. 5. 14)

정원석을 쪼갠 싸리나무

싸리꽃이 하얗게 피어 나뭇가지에서 웃고 있을 때에 알았다. 싸리나무 가지는 내가 좋아한다.

정원석 앞에 심어 놓은 상추와 쑥갓을 뜯으려고 허리를 굽혔다. 그때에 한 정원석이 크게 갈라진 모습이 눈에 들어왔다. 놀라서 눈을 크게 뜨고 위를 올려다보았다. 싸리나무가 사철나무 가지에 얽조여 있으나 그 가지에는 짙은 녹색의 잎들이 나풀거리며 아침을 상쾌히 맞고 있다.

그 큰 돌을 갈라놓은 것이 바로 이 나무의 뿌리였다.

30여 년 전 이집으로 이사 왔다. 그 당시 3년 동안 집을 보러 다니다가, 초등학교가 가깝고 집 주위에 자동차도로가 없어서 이 집을 택하였다. 장미꽃이 만발한 정원도 마음에 들어서 보자마자 계약을 서둘렀다. 정원에 있는 작은 연못과 분수도 마음을 퍽 흡족하게 하였다. 아이들이 어린지라 엄마가 직장에 나가서 저녁에

귀가하니 하교 후에 정원에서 시간을 많이 보낼 수 있을 것 같아 좋았다.

구입 당시에는 단층 슬라브이였으나 그 다음 해에 2층으로 증축을 하였다. 아이들 공부방을 하나씩 주기 위해서이다. 아래층에는 부부방과 가사 도우미 아줌마의 방, 피아노실, 드레스실만 두었다.

이층을 증축하면서 정원은 많이 변했다. 우선 장미 나무가 많이 죽었다. 일꾼들이 뿌리는 시멘트 가루가 그들을 시들게 하였다. 차고 위에 있던 등나무의 그늘에서 탐스럽게 잘 익어가던 딸기도 일꾼들의 간식 제공 자리로 다 뭉개져 없어졌다. 그 후 남편은 그가 원하는 대로 정원을 완전히 바꾸어 놓았다. 공사 기간 중에 살아남은 담장이 넝쿨 장미만 남겨 놓고 정원 여기저기에서 화려한 자태를 뽐내던 장미는 다 뽑아 버렸다. 그 자리를 철쭉과 영산홍으로 메꾸었다.

어느 해 가을날 그는 등나무는 꼬여서 집안에 두는 것이 안 좋다고 한다면서 베어버렸다. 대신 그 자리에 포도나무를 심어서 가을에 포도 맛을 보게 하였다. 연못가에 심겨져 있던 배나무는 배꽃을 하얗게 피어 달빛에 그 요염한 모습으로 나를 사로잡기도 했다.

가을에 익은 배맛은 그 어디에서도 맛볼 수 없는 당도를 가지고 있었다. 배를 씻어서 껍질째 한 입 물면 과즙이 흘러 턱 아래를 다 적셨다. 그 배나무도 잎이 돌돌 말리는 병이 생겼다며 사정없이 베어냈다. 향나무 다섯 그루도 다 베어 내고 담 주위는 사철나무로 울타리를 하였고, 거실 앞에는 감나무를 심어, 여름에 시원한 그늘을 만들어 주고 있다.

그의 친구가 아파트로 이사하면서 주고 간 산 자두나무와 살구나무가 나란히 새자리를 마련하고 잘 자라고 있다. 앵두나무는 자리를 옮겨 심었다.

결혼한 아들이 아파트를 장만하였다고, 축하한다면서 그의 장모가 사다 준 동백나무 화분이 있었다. 그 이듬해에 아들은 평수를 넓혀서 분당으로 이사를 하게 되었고, 며느리는 그 화분을 우리에게 넘겨주었다. 남편은 양지 바른 곳에서 잘 자랄 것이라며, 동백을 화분에서 빼어내어 일층 화장실 앞에 심었다. 동백은 남편 말대로 잘 자라서 지난봄에는 나무 자체가 완전히 붉은 꽃 덩어리였다. 이사 올 때에 있었던 라일락 두 그루는 우리와 지금까지 운명을 같이 하고 있어 다행이다. 보라색과 흰색을 가진 두 그루이다.

나무가 자라면서 정원에는 그늘이 지는 모퉁이가 생겼다. 그곳에는 잔디가 잘 자라지 않는다. 여기에다 남편은 상추, 쑥갓, 아욱, 부추, 치커리 등을 조금씩 심었다. 고추는 다섯 개의 화분에 모종을 사서 심었고, 서너 개의 화분에는 방울토마토를 심었다. 오이 모종 두 포기를 포도나무 옆에 심었더니, 포도 넝쿨을 따라가며 오이가 주렁주렁 매달렸다. 덕분에 반찬이 시원치 않을 때에 정원으로 나가 야채를 뜯게 된다. 유난히 쌈을 좋아 하는 나는 수시로 나가서 상추와 쑥갓, 치커리 등을 소쿠리에 담아 온다.

요즈음 낮 온도가 30도를 넘으니, 낮에는 정원에 나갈 엄두도 못 낸다. 점심에 먹을 것을 아침에 준비하여 냉장고에 시원하게 보관하였다가 먹게 된다.

오늘 아침에도 이를 위하여 야채를 얻으려고 정원에 나갔다가, 엄청난 일을 해온 싸리나무를 보게 된 것이다.

언제 정원석에 씨가 떨어져 자랐는지 몰랐는데 싸리꽃이 하얗게 피어 둘러친 가지 사이에서 웃고 있었다. 싸리나무 가지는 내가 좋아한다. 잡으면 부러질 것 같은 연약한 가지를 길게 늘어뜨려서 운치를 더하여 준다. 헌데 남편은 이 가지가 늘어지는 꼴을 못 본다. 모양 있게 늘어지나 보다 하면 어느 틈엔가 그 가지들을 사철나무나 라일락나무 가지에다 얽어 메여 놓는다. 심하면 잘라내기도 한다. 잘라낼 때에 못하게 하였더니, 그 후에는 이렇게 늘어지는 가지를 다른 나뭇가지나 몸 줄기에 얽어 메여 놓는다. 그는 싸리나무 가지가 흐느적거리며 늘어져 있어서 그 아래에 자라고 있는 상추나 쑥갓이 햇볕을 못 받는다는 것이다. 야채를 못 먹어도 좋으니 그냥 놓아두라고 해도 막무가내다.

몸을 옭아매고 잘라내도 그 척박한 돌 속에 뿌리를 내리고 그 단단한 돌을 둘로 쪼개어서 흙 속에 뿌리를 내린 것이다. 사철나무 가지와 라일락나무 가지들을 헤치고 싸리나무 가지를 찾아 보았다. 굵은 쇠 철사 줄로 이리 저리 얽매여 있다. 몸통 줄기는 어떻게 할 수 없는지, 가지만 구속하였다. 그 상태에서 돋아난 잎들은 여느 나뭇잎들처럼 짙은 녹색으로 변해 가고 있다.

7월 9일자 조선일보에 기사가 나왔고, 「KBS 스페셜」로 13일에 방영된 미국에 고등학교 소년인 '더스틴 카터'와 싸리나무가 클로즈업된다.

소년은 오하이오주 힐스보로 고등학교 3학년 학생이다. 그는 5세 때에 팔과 다리를 절단하는 수술을 받은 후, 장애인으로 살아간다. 그러나 중학교 2학년부터 레슬링을 시작하여 지난봄에 비장애인들과의 맞대결을 겨루어, 주대회 출전권을 따냈다. 꿈꾸는 '토로스 맨'(몸통맨)이라는 별명을 가졌다.

42승 4패의 기록도 가지고 있다. 소년은 기자들에게 "인생은 자기가 만드는 것이라고 생각합니다"라고 했다.

모든 극한 상황을 이겨내고 땅에 뿌리를 내린 싸리나무와 팔다리 없이 레슬링 영웅이 된 '더스틴 카터' 소년에게 큰 박수를 보낸다.

오랜만에 푸른 창공을 향하여 기쁨의 깃발을 날린다.

(2008. 7. 16)

못 지킨 약속

"여러분들! 우리 10년 후에 다시 이 자리에서 만납시다."

그 자리에 있던 모든 사람들은 환한 미소를 지으며 박수로 답례하였다.

장미꽃이 만발한 5월의 어느 날, 벌들이 윙윙 소리를 내며 이 꽃 저 꽃으로 날아다니고 나비들이 그 사이에 끼어 팔랑거리며 날고 있었다.

모교 총장 공관 앞뜰에는 형형색색의 장미꽃들이 그 자태와 각각의 새콤한 향기를 뽐내고 있었다. 가히 장관이었다.

장미 꽃밭이 바라보이는 반대편 나무 그늘에는 20여개의 테이블에 하얀 테이블보가 덮여 있다. 신입생 환영 파티를 열기 위해서이다.

초대된 모든 분들께 총장과 부인이 일일이 안내를 하였다. 월탄 박종화 선생, 청목 박목월 선생, 화가 장욱진 선생, 영문학 이기석 교수, 권명수 교수 외에 각과 과장 교수들과 각과 신입생 대표들이 초대되었다. 신입생 대표들 중에 한 사람으로 나는 그 자리에 있었다.

총장님께서 초대하신 분들을 소개하고 신입생 대표들은 각자 자신을 소개하게 하였다. 이제 막 대학에 입학한 학생들은 얼굴을 붉히며 자신을 소개하고 장래의 희망까지 곁들어 말했다. 후래쉬 먼 한 사람, 한 사람이 수줍게 말하고 끝을 맺을 때에는 모든 교수들이 힘찬 박수로 격려했다.

진한 꽃향기를 어느새 물리치고 바비큐 냄새가 코를 뚫고 들어온다. 고기도 다 익어가니 각자 원하는 음식을 준비된 접시에 담아가서 드시라고 총장은 말한다.

박종화 선생도 박목월 선생도 음식을 담아서 자리로 가셨다. 한참 음식을 먹으며 담소가 무르익어 갈 때에 월탄, 박종화 선생이 자리에서 작은 체구를 일으키셨다.

"여러분들! 우리 10년 후에 다시 이 자리에서 만납시다."

그 자리에 있던 모든 사람들은 환한 미소를 지으며 박수로 답례하였다.

이 일은 1963년에 있었던 일이다. 10년이 지난 1973년에도, 20년이 지난 1983년에도 그 약속의 부름은 없었다.

학창시절 배웠던 영미문학 단편소설에서 읽은 미국 작가 오 헨리의 「20년 후(After twenty years)」가 생각난다.

내용의 줄거리는 다음과 같다.

뉴욕에서 자란 두 친구가 한 식당에서 식사를 한 후 그 시간으로부터 20년 후 그 장소, 그 시간에 만나자는 약속을 하고 헤어진다. 20년이 흐른 후 그들은 각각 약속 장소에 약속한 시간에 나타난다.

일확천금의 꿈을 안고 한 친구는 서부로 떠났다. 약속을 지키기 위하여 그날 그는 천 마일을 달려왔다. 지미 웰즈란 친구는 뉴욕에 남아서 경찰이 되었고 그날도 순찰을 하던 중 약속 장소에 나타났다.

경찰이 다가가자 캄캄한 철물점 점포 안에 서 있던 사람은 다음과 같이 말했다.

"별일 아닙니다. 전 20년 전에 한 약속이 있거든요. 바로 여기에는 음식점이 있었어요. 별명이 '빅 조우'였던 브레디가 경영하던 음식점 말입니다."

경찰은 5년 전만 해도 있었다고 답했다.

서부에서 온 사나이는 '빅 조우' 브레디의 음식점에서 지미 웰즈와 20년 전 오늘밤에 저녁을 먹었고 그때 약속을 했다. 이 말을 듣고 경찰은 다시 순찰을 계속하기 위해 자리를 떴다.

얼마 후 한 사나이가 나타나서 외근중인 웰즈 경찰관이 쓴 편지라며 쪽지를 기다리고 있던 사나이에게 전해준다.

"보보, 나는 약속한 그 장소에 갔었네. 자네가 성냥을 켜서 담뱃불을 붙일 때 자네가 시카고에서 지명 수배된 사나이라는 것을 알 수 있었어. 내 손으로 자네를 체포할 수 없어서 다른 형사에게 내 대신 부탁을 한 것이라네. 지미로부터."

45년이 지난 지금! 존경하던 월탄 박종화 선생, 청목 박목월 선생, 영미문학사를 가르치시던 권명수 선생도 고인이 되신 지 오래되었고 당시에 교수로 재직하셨던 분들도 고인이 되신 분들이 많다. 아직 몇 분이 살아계셔서 가끔 소식을 듣긴 한다.

지금 10년 후의 약속을 만들어 볼까 하는 생각을 한다. 꼭 지킬 것을 약속하면서 말이다. (2008. 10. 6)

세림 생각

사랑은 소유물이 아니다

-『에리히 프롬이 들려주는 사랑 이야기』를 읽고

이성친구와 사귈 때에는 흥분도 되고, 함께 있고 싶고, 두근거린다. 그러다가 나중에 결혼을 한 후 얼마가 지나면 서로에 대한 갈망, 이끌림, 애착이 점점 식어가고 권태와 실망만 남게 된다. 우리는 이런 것은 '사랑이 식었다'고 한다. 그러나 내가 읽은 『에리히 프롬이 들려주는 사랑 이야기』의 에리히 프롬은 그것이 옳지 않은 표현이라고 했다.

연애 단계에서는 서로를 영원히 사랑할 수 있을 것 같지만 점점 시간이 가면서 그런 감정이 사라짐을 느낀다. 그러나 이것은 사랑이 식는 것이 아니고, 사랑의 후속 단계에 들어가는 것이라고 한다. 이런 후속 단계에 들어갈 수밖에 없는 이유는 연애 단계 때 나오는 호르몬이나, 신체에서 생기는 화학적인 활동이 2년에서 길어야 4, 5년밖에 지속되지 않기 때문이라고 한다.

사랑에 대해 사람들이 오해하고 있는 부분 중 다른 하나는, 사랑을 '소유양식(having mode)'이라고 생각하는 것이다. 그러나 진정한 사랑은 '존재양식(being mode)'여야 한다고 한다. 한 예로 소유양식은 황금알을 낳는 거위를 잡아다가 배를 가르는 생각이고, 존재양식은 거위가 건강을 유지하며 꾸준히 성장하도록 하는 것이다. 보통 연애를 할 때는 관심, 보살핌, 이해와 헌신 등으로 구애를 한다. 즉 존재양식을 유지하는 것이다. 그러나 결혼을 하고 나면 그런 감정은 구애를 하지 않아 잘 느끼지 않게 되고, 서로가 자신의 것이 되어야 한다는 생각, 즉 소유양식을 갖게 된다. 그러다가 아내를 집에만 있게 한다거나 남편이 다른 여자와 통화조차도 하지 못하게 하는 일들을 하게 된다. 그리하여 서로를 불행하게 하는 것이다.

내가 '사랑'에 대해 생각해 본 적이 없었던 이유에서일까? 나는 사랑이라는 것에 대해 오해를 많이 하고 있었던 것 같다. 사랑이란 그냥 감정이라고만 생각했는데, 내가 1, 2학년 때 좋아했던 아이가 점점 권태롭게 느껴지는 것이 과학적이고 철학적인 일인지 모르고 있었다. 사랑은 소유하는 것이 아니라 서로의 존재를 높여주고 존중해주고, 존경해야 하는 것인지도 몰랐다.

내가 커서 사랑을 할 때에는 존재양식의 사랑을 할 것이다. 흔히 생각하는 사랑보다 복잡하고 배워야 하는 것이 많겠지만, 꼭 존재양식의 사랑을 해서 보다 오랫동안 서로 행복할 수 있었으면 좋겠다. - 손녀 양세림(초등학교 5학년)이 쓴 독후감

4

코리안 드림을 접게 된 이방인

彷徨하던 님이여!

찬바람 스러지던 날,
따듯한 손길 잡아
얼었던 내 몸 녹이고
분홍색 분단장 하였노라.

푸른 창공 바라보며
님의 발길 찾았건만,
그제도, 어제도, 님은 보이지 않도다.

오늘 내린 빗발에
쇠잔한 나의 몸은 찢어져,
이렇게 흐느끼고 있소이다.

빗소리 멀어지고
한줄기 햇살이
나의 상처 난 몸을 품을 때,
님은 어디에 계시온지?

아, 아
나의 호흡이 盡하려는데,
님의 날개가 살포시 닿소이다.
님은 어디서 彷徨하고 계셨나요.

보이지 않아 보이는 손길

남편과 함께 집으로 돌아오는 그 밤에 하늘의 별들은 총총하였고, 강물에 푹 담긴 불빛은 너울너울 창공을 향하여 출렁이고 있었다.

3월이다. 봄이 오는 길목에서 목을 길게 뽑고 꽃 소식을 기다리고 있는데 지난밤부터 갑자기 기온이 뚝 떨어졌다.

장롱 속에 깊이 넣어 둔 겨울옷을 다시 꺼내어 입고 외출을 하려는데 잿빛 하늘은 눈송이까지 펄펄 내려 보내고 있다. 우산까지 챙겨 들고 약속 장소인 지하철 입구로 향하고 있는데, 눈발은 점점 세차져 펑펑 쏟아진다. 금방 눈이 쌓이면서 발을 덮는다. 거리를 오가는 차들은 속도를 줄이면서 조심조심 거북이 운전을 한다. 가로수들은 때 아닌 흰 솜옷을 입고 너풀거리고 있다.

나는 오늘로 마지막이 될 만남을 위하여 가고 있다. 두 사람이 한국에 체류한 지는 4년이 채 못 된다. 자기들의 나라에서는 살만한 청년들이 우리나라에 와서 고생을 하였다. 한 사람은 염색 공장에서 착실하게 일을 하여 돈도 꽤 모았다. 그러나 이곳에서 계속 노동자로 일할 수 없으므로 꿈을 가지고 다른 나라로 이주하기로 마음을 결정하고 모든 수속이 끝났다. 3일 후면 한국을 떠난다. 또 한 청년은 비즈니스를 하여 돈을 잘 벌었다. 요즈음 한국의 경제가 나빠지므로 다른 나라로 가야 하겠다며 떠나려고 한다.

그들은 주일에 내가 다니는 교회에 나왔고, 열심히 주님을 바라보며 생활하였다. 이슬람교도였던 두 사람은 성경 공부를 마치고 학습, 세례를 받았다. 염색 공장에서 일하던 R씨는 이주를 위하여 3개월 동안 초췌하여질 정도로 하나님께 매달려 기도하였다. 기다리던 중 2개월 만에 서류가 잘못되어 낙심 가운데 있기도 했다. 포기하지 않고 다시 도전하던 중 기쁜 소식이 와서 오늘에 이르게 되었다.

다른 청년 M씨는 어느 날 속마음을 털어 놓았다. 캐나다로 유학을 가기 전에 한국에 잠깐 들렸는데 돈이 눈에 보이더라는 것이다. 그래서 돈을 좀 벌고 공부는 다음에 하겠다고 하였는데 이렇게 세월이 흘러서 안타깝다는 것이다. 아직 늦지 않았으니 먼 미래를 보고 공부를 하라고 하였더니 머리가 굳었다고 한다. 역시 돈에 미련이 있는 친구이다.

교통 혼잡으로 인하여 우리는 약속 시간보다 40여분이 지나서 만날 수 있었다. 그들 머리 위에는 눈이 얹혀 있었고 옷도 젖었다. 음식점으로 들어가 불고기 백반을 시켜 놓고 우리는 미래에 대한 이야기로 꽃을 피웠다. 나는 두 청년에게 크리스천으로써 삶을 영위하라고 당부하였다. 다른 나라에 가서 어떠한 형편에 있든지 당신들이 기억하여야 할 분이 있음을 잊지 말라고 했다. 당신들이 볼 수 없는 곳에서 늘 지켜보시고 선한 길로 인도하시는 손길이 있음을 가슴 깊이 간직하라고 했다.

이야기 중에도 불고기를 상추에 싸서 쌈장을 넣어 맛있게 먹는 모습이 한국사람 다 된 모습들이였다. 당신들이 가는 곳에서는 눈을 잘 볼 수 없으므로 마지막으로 하나님께서 눈을 보여 주시는 거라고 하였더니 정말 고마우신 분이란다. 열시가 넘어서 우리는 악수로 작별 인사를 했다. 세상은 온통 하얗다.

3일 만에 전화가 왔다. R씨가 잘 도착하였다고 한다. M씨도 잘 갔다는 전화를 주었다. 이 일은 2004년 3월 7일에 있었던 일이다.

R씨는 2005년 봄에 자신의 레스토랑을 오픈했고 현재 4명의 스탭을 데리고 경영인으로 잘 커가고 있다. M씨도 그의 비즈니스를 잘 하고 있다는 소식을 가끔 전해 온다.

2004년에는 나에게도 잊지 못할 일이 있었다. 한 환자의 치료를 돕기 위하여 미국으로 출국할 준비를 다 끝내고 티케팅하기 전에 아들에게 알려야 되겠기에 전화를 걸었다. 남편과는 이미 이야기가 다 끝났으므로 아들에게는 형식적으로 했는데, 절대 안 된다는 것이다. 6개월 가량 미국에 체류하여야 될 일이었다. 한국에서는 내가 만져볼 수 없는 액수를 대가로 받기로 했으므로 매우 만족한 상태였다.

아니, 왜 안 된다고 하냐니까 무조건 안 된다는 것이다. 해외 출장을 떠나면서 인천공항에서 다시 나에게 다짐을 하는 것이다. 돈이 필요하시면 자신이 드리겠다는 것이다. 알았으니 걱정 말고 다녀오라고 했다. 결국 나는 아들의 말을 따랐고, 모든 계획을 접었다. 그해 9월에 아들은 회사에서 종합 검진을 받았는데, 재검을 받으라고 한다면서 걱정스런 전화를 걸어 왔다.

가슴이 털컥 내려앉았다. 어디가 안 좋은가? 재검 결과 갑상선에 조그마한 폴립(polyp)이 있으니 갑상선 전문의에게 정밀 진단을 받으라는 것이다. 며느리는 며느리대로 여기저기 명의를 찾았고, 나는 나대로 알아보았다. 여하튼 빨리 수술을 할 수 있는 곳으로 병원을 정하자고 했다. 결국 내가 근무하던 S병원의 P박사에게 의뢰하기로 했다. 그런데 예약 수술 환자가 6개월이나 차 있다고 하니 난감하였다. 직접 찾아뵙고 말씀을 드리기로 했다. 회사 일로 해외 출장이 잦기 때문에 오래 기다릴 수가 없었다. 외래 진료실로 찾아갔다. 다행히 나를 기억하고 계셔서 사정을 말씀 드리고 곧 수술 날짜를 잡았다.

수술 이틀 후 퇴원을 하였고, 곧 몸은 회복되었다. 그때서야 아들이 왜 그렇게 반대하였는지를 깨달았다. 모든 것이 하나님의 은혜이다. 자부는 하나님이 자기 남편을 무척 사랑하신다며 나에게 토로하였다. 그러게 말이다. 한치 앞도 못 보는 우리에게 이렇게 은혜의 손길을 주시니 감사할 뿐이다. 아들이 퇴원하던 날, 며느리를 우리 차에 함께 태우고 그들의 집으로 향했다.

집에 도착하니, 외할머니와 함께 있던 손자, 손녀가 "아빠" 하며 아들에게 달려들었다. 개구쟁이 손자 녀석이 "아빠 괜찮아" 한다. 손녀딸은 살며시 조심스럽게 아빠의 허리에 감긴다.

남편과 함께 집으로 돌아오는 그 밤에 하늘의 별들은 총총하였고, 강물에 푹 담긴 불빛은 너울너울 창공을 향하여 출렁이고 있었다. (2006. 5. 28)

이방인의 방황

포근하고 따뜻한 아내의 손길이 있고, 재잘거리다가 까르르 넘어가는 아이들의 웃음소리가 넘치는 거실 소파를 그리워하였을 것이다.

차가운 바람이 목덜미를 휘감고 있다. 목을 움츠려 보지만 냉기는 몸속으로 깊이 스며들었다. 외투 깃을 더욱 치켜 올리고 손을 주머니 깊숙이 집어넣은 후 낯선 건물을 향하여 걷고 있다. 그는 왜 이곳에 왔을까 하는 생각이 집요하게 뇌리를 잡고 있다.

많은 이방인들이 북새통을 이루고 있는 1층을 지나서 5층으로 올라갔다. 사무실에 면회를 신청해 놓고, 대기실에서 20여분을 기다렸을 때 그는 직원과 함께 면회실로 들어왔다. 그곳에서 제공한 제복을 입었고, 그의 목에는 십자가 목걸이가 두 개나 걸려 있었다. 자신이 기독교인임을 만나는 사람에게 알리기 위한 액세서리인 듯했다. 눈은 퀭하고 얼굴은 겁에 질린 듯 주눅이 잔뜩 들어 있었다.

나를 보자마자 그는 찬 시멘트 바닥에 두 무릎을 꿇고 구슬 같은 눈물을 떨어트리며 잘못했다고 한다. 몇 달 동안 소식이 없어서 궁금했던 차라, 잃어버린 아이를 찾은 안도감은 있으나 왠지 모를 불안감이 엄습해왔다. 그동안 어디서 무엇을 했는지, 왜 이곳에 왔는지를 물었다. 두 손등으로 흐르는 눈물을 쓰윽 문질러 내리고는 충혈 된 눈으로 올려다보며 말을 시작했다.

"정말 잘못했습니다. 아주 잘못했습니다. 용서해주세요. 일을 찾아 헤매던 중, 고향 사람을 만났습니다. 다친 팔을 보여주며 아프다고 했더니, 약을 한 알 주면서, 이 약을 먹으면 통증이 없어진다고 하기에 받아서 먹었습니다. 딱 두 번 먹었습니다. 정말 믿었습니다. 그런데 그 약이 마약이었고, 이제 본국으로 추방령이 떨어졌습니다. 고향에 가면 죽습니다. 도와주세요. 부탁이에요. 나 예수 믿어요. 정말 믿어요."

어떻게 그를 도와야 할지 감은 안 잡히고, 가슴에 뻐근한 통증이 밀려왔다. 아무 말을 못하고 있자 그는 다시 입을 열었다.

"호주나 뉴질랜드로 보내주세요. 부탁이에요. 꼭 도와주세요."

간청하는 그의 모습은 절절했다. 마약 사범은 어느 나라나 엄히 처벌하고 있다는 말을 해주고, 일단 담당자와 이야기 해 보겠다고 했다. 영치금 10만 원을 넣어 주고 그 자리를 떠났다.

그는 이란인, 하다 씨이며 우리나라에 온지 2년 가까이 되었다. 경기도에 있는 작은 공장에서 일을 착실히 해 오던 미남의 청년이다. 어느 날 작업 중 불의의 사고로 왼쪽 팔을 크게 다쳐서, 종합 병원에서 일곱 차례의 대수술을 받았다. 피부 이식 수술까지 받았으므로 그의 왼쪽 팔은 거의 움직일 수 없게 되었다. 오랫동안 병원 생활을 하고, 퇴원 후에는 계속 물리 치료를 받으러 다녔다. 불행 중 다행인 것은 공장 사장이 모든 경비를 지불했고, 퇴직금도 상당 금액을 주었다.

그는 우리 교회에 나오고 있는 이란 청년들의 친구였다. 그들 덕분에 경기도에서 서울로 매주 올라왔다. 그의 친구들이 세례를 받자, 그도 팔이 불편함에도 불구하고 세례식에 참석했다. 당시 그의 팔에 감은 붕대에는 그림을 그려 놓은 듯한 얼룩이 있었다. 자세히 들여다보니 진홍색 피가 밖으로 배어나온 것이다. 그의 세례는 많은 생각을 안겨 주었다. 대부분의 국민이 이슬람교도인 이란이다. 그 땅을 떠나 돈을 벌려고 한국에 왔다가 돈도 제대로 벌지 못하고 몸만 부실하게 되었으니, 허나 그의 영혼이 구원 받게 됨을 진심으로 축하해 주었다.

그가 고향으로 돌아가기를 권유했다. 팔을 쓸 수 없으니 일자리 찾는 것은 헛된 일이었다. 친구들도 테헤란으로 돌아갈 것을 충고했다. 허나 그는 막무가내로 귀국을 거절했고, 그때부터 일 자리를 찾아 방황하기 시작했다.

그를 만나고 온지 3일 만에 낯선 목소리의 전화가 걸려왔다. 하디 씨가 원하는 나라는 안 되고 제3국으로 출국하라고 하니까 안 한다는 것이다. 출입국 관리소에서는 이제 속수무책이므로 외국인 보호소로 보내겠다는 것이다. 최후통첩이다. 그를 설득시키려고 부랴부랴 출입국 관리소로 달려갔다.

다시 만났다. 팔에는 여전히 붕대가 칭칭 감겨져 있다. 화성에 있는 보호소로 가기 전에 생각을 바꿔 출국하라고 했다. 그는 갈 곳이 없다며 고개만 떨구었다. 손을 잡고 간절히 기도해 주고 싶었으나, 그럴 수도 없다. 구멍이 몇 군데 숭숭 뚫린 칸막이가 그와 나를 가로막고 있기 때문이다. 이번에는 그에게 마약을 권했던 사람도 나와서 자기가 나쁜 사람이라며 그를 도와달라고 애원했다.

그들을 바라보며 조국을 떠나 방황하는 수많은 사람들을 생각해 보았다. 이 땅을 떠나서 떠도는 한국 국민은 얼마나 되는지? 그들에게 이들과 같은 아픔은 없는지? 고국이 있음에도 돌아가지 못하고 방황하는 사람들….

이들과는 또 다른 부류의 이방인들이 요즈음 한국 땅에는 늘고 있다. 소위 기러기 아빠라고 칭하는 이들이다. 이 새로운 단어가 우리의 가슴을 뭉클하게 하고 있다. 이틀 전에도 외로움과 경제적인 고통으로 인하여 한 기러기 아빠가 자살을 했다는 기사를 읽었다. 그는 조국에서 조차도 이방인이 아니었는가. 해가 서산에 뉘엿뉘엿 기울 때 그 아빠는 일에 지친 몸으로 쉴 곳을, 누울 곳을 찾았을 것이다. 포근하고 따뜻한 아내의 손길이 있고, 재잘거리다가 까르르 넘어가는 아이들의 웃음소리가 넘치는 거실 소파를 그리워하였을 것이다. 아내와 아이들을 자녀의 장래를 위한다는 볼모로 멀리 떠나보내고, 그는 이 땅에서 이방인이 되어 방황하지 않았겠는가.

어찌하여 한국의 교육이 여기까지 왔는지, 한심하기 짝이 없다. 교육 인적 자원부 장관과 대통령이 바뀔 때마다 새로운 정책이 봇물 터지듯 쏟아져 나오건만, 이 땅에 대부분의 부모들과 아이들은 발을 땅에 붙이지 못하고 오늘도 표류하며 이방인의 방황을 계속하고 있다.

하디 씨가 난민 신청을 하였다니, 그의 방황이 한국에서 끝나기를 바라며, 이 땅에서 교육 문제로 가족이 해체되어 이방인의 방황을 고통과 죽음으로 이어 가는 일은 더 이상 일어나지 않기를 기원한다. 먼 이국땅에서 돌아오기를 원하는 이들은 방황을 끝내고 돌아와 주면 좋겠다.

멀리 보이는 산정에는 아직 잔설이 쌓였고, 텅 빈 들판에서 불어오는 바람은 이방인의 보호소 건물을 휘감고 쓰러진다.

(2005. 3)

체포된 Elizabeth & Milda

하나님의 뜻과 계획을 우리가 모르니, 너무 걱정하지 말고 주님께서 주시는 다른 기회를 기다리자고 했습니다.

상기 두 명의 필리핀 자매들이 10월 18일 오후 12시 20분경 일하던 공장 현장에서 불법 체류자 단속반에 걸려 구속 수감되었습니다. Dulce와 Dolly의 전화 연락을 받았음. 이들 두 분은 지난 추석날에 천보산 기도원에서 있었던 Retreat에 참석하였던 분들입니다.

19일 새벽 기도 후 송민호 목사님과 상의한 후 오전 7시 30분에 교회를 출발하여 출입국 관리소로 갔습니다. 도착한 시간은 8시 30분이였습니다.

면회시간은 9시 30분이였으므로 한 시간을 기다렸습니다. 19일 오후 2시부터 교역자 전체 회의가 있어서 송 목사님이 자료 준비를 하셔야 하므로 일찍 출발하였습니다. 면회 신청서를 제출하고 옆에 있는 세무서 건물로 가서 커피를 마시며 기다렸습니다.

9시 30분 그들은 면회실로 나왔습니다. 축 늘어진 어깨에 죄수복 같은 그곳의 유니폼을 입고 나타났습니다. 송 목사님과 나를 보자마자 소리 없이 눈물만 흘렸습니다. 가로막은 두꺼운 유리창 때문에 손을 잡을 수도 없었습니다.

얼마나 놀랬느냐, 아침은 먹었느냐, 밥은 괜찮으냐? 등등 몇 마디 말을 주고받으며 그들의 슬픔을 가라앉혔습니다. 하나님의 뜻과 계획을 우리가 모르니, 너무 걱정하지 말고 주님께서 주시는 다른 기회를 기다리자고 했습니다. 특히 Elizabeth는 3년 전에 아들을 낳아서 필리핀으로 보냈으므로 아기를 보고 싶다고 늘 이야기 하였는데, 잘 되었다고 하였습니다. 아들 이야기를 하자 입가에 미소를 띠었습니다.

Milda는 single이므로 다시 한국에 오도록 노력해 보라고 하였습니다. 그녀의 남동생이 Elizabeth의 남편이 있는 집으로 옮겨오기로 했다고 합니다. 19일 면회 후 남편인 Willy를 만났을 때에 들었습니다. 영치금으로 각각 10만 원을 넣어 주었습니다. 그들은 20일 출국하리라고 하였습니다. 늦어지면 화성 외국인 보호소로 가니까 빨리 가는 것이 좋겠다고 하였습니다. 다행히 공장주가 티켓을 사 주겠다고 하여서 불행 중 다행이었습니다.

Reported by Mrs. Hyung Ae Kim

(Oct. 22, 2006)

한 아이의 답변

"그래! 안 알려줘도 된다. 조심하거라." 하는 말을 건네주는 마음이 서글퍼진다. 내가 저 아이에게 어떻게 비춰진 것일까?

빗발이 거세게 쏟아진다. 푸른빛으로 짙어가는 나뭇잎들이 빗방울을 맞고 아우성이다. 아파트 단지 내에 여기저기 놓여 있는 벤치는 물을 흠뻑 머금고 있다. 그 위에 비바람을 견디다 못해 떨어진 상처 난 잎들이 숨을 헐떡이며 누워 있다.

비를 덜 맞으려고 차를 나무들이 많이 심겨져 있는 곳에 세우고, 차에서 내려 우산을 편다. 순간 비는 기다렸다는 듯이 더욱 세차게 쏟아져 몇 걸음을 떼지 않았건만 바지 아래 부위가 척척하게 젖어 왔다.

그녀가 살고 있는 주공아파트 단지 내에는 주차가 불편하여 다른 단지에 있는 주차장을 이용하고 있다. 2주 동안 가보지 못하여 오늘은 열 일 제치고 가는 중이다. 그녀의 아파트에 도착하였을 때는 머리에서까지 빗방울이 흘러 내렸다. 203동에 들어서자마자 우산을 두어 번 힘껏 휘둘렀다. 그리고는 발을 탁탁 털었다. 엘리베이터는 15층을 표시하면서 내려오고 있다. 1층에 도착하였을 때 세 명의 부인네들이 좁은 문으로 빠져 나온다.

옆으로 비켜 있던 나는 그들이 비운 공간 속으로 들어갔다. 그녀가 있는 5층은 시간이 걸리지 않았다. 벨을 누르자 기다렸다는 듯이 문이 열렸다. "고생하셨죠" 한다. "나는 괜찮은데 옷이 젖어서 방바닥이 다 젖겠네요" 했다. 자기의 옷으로 갈아입으라고 권한다. 잠깐이니 괜찮다고 하고 자리에 앉았다. 그녀는 따뜻한 물 한 잔을 권했다. 물 한 모금이 몸을 데워 주는 듯했다.

우리는 "나는 너희 하나님이 되리라"는 에스겔 36장 28절의 말씀을 가지고 공부하며 토론하였다. 하나님께서 이스라엘 백성들에게 하신 말씀이다. 얼마나 큰 은혜인가! 내가 너희 조상들에게 준 땅에서 너희가 거주하면서 내 백성이 되고 나는 너희 하나님이 되리라. 모든 것을 보장하시겠다는 말씀이다.

그녀는 몽골에서 9년 간 선교사로 일하다가 귀국한 지 1년이 좀 넘었다. 방을 얻어 달라고 하기에 내가 사는 동네에 방 두 칸을 얻어 주었다. 월세 때문에 부담이 되여 6개월로 계약을 했고, 그 후에 이곳으로 이사를 했다. 50이 넘었건만 결혼에 대한 꿈도, 아기를 갖겠다는 꿈도 가지고 있다. 그녀의 노모는 눈물을 글썽이시며 "저것이 빨리 가야 되는데…." 하며 나에게 하소연 한다.

요즈음에는 한국에 와 있는 몽골인 수가 날로 늘어가고 있다.

그녀는 내가 나가는 교회에서 몽골인들을 위한 사역을 담당하고 있다. 외국인부에서 봉사하는 관계로 그녀와 가깝게 지내게 된 것이다. 오늘도 오후에는 적십자 병원으로 봉사 겸 전도를 나갈 예정이다. 우리나라 정부에서 외국인들에게 무료 진료와 치료를 적십자 병원을 통하여 해주고 있기 때문에 많은 외국인 근로자들이 그곳에 와서 입원을 하고 있다고 한다.

그전에는 환자가 생기면 최일도 목사님이 운영하시는 천사병원으로 갔었다. 그녀가 한국에 오기 전 이야기이다. 15년 전만 해도 교회에 나오는 외국인 근로자들은 필리핀 사람들뿐이었다. 그러나 지금은 스리랑카, 베트남, 방콕, 카자흐스탄, 우즈베키스탄, 중국, 이란 등 그 나라를 헤아리기조차 어렵다. 다른 나라로 파송되는 선교사가 많은 줄 알고 있으나, 이 나라에 들어오는 외국인들을 전도하는 일도 이에 못지않게 중요하다고 생각된다. 이들이 한국에 체류하고 있던 시기를 그들의 평생에 잊지 못할 좋은 추억으로 간직하게 하여, 자국민을 전도하는 선교의 사역자로 양육하는 일도 큰 의미가 있으리라 믿는다.

한 이란분은 3년을 이곳에 머물다가 지금은 다른 나라에 안착하였지만, 이란에서 그의 아는 분들이 한국에 취업차 오면 우리 교회를 찾아가라고 한단다. 한 번은 오산에서 전화가 왔다. 한국에 온지 일주일 되었는데, 어떻게 찾아가면 되느냐는 물음이었다. 서울 오는 길을 안내하여 주고, 성북역까지 오면 나가서 만나겠다고 약속을 했다. 그 주일날 나는 전화를 받지 못하였다. 한국이 초행인 그들에게 서울까지 오라고 한 내가 잘못한 것이다. 지금도 그 일은 내 가슴에 흠집으로 남아 있다.

그가 소개한 다른 청년은 남양주에서 이곳까지 잘 다니고 있다. 그는 어느 날 친구와 동생을 전도하여 데리고 왔다. 그가 세례 받던 날, 그는 두 시간 전에 교회에 도착하였다. 말끔하게 차려 입은 정장이 그의 내면의 정갈함도 나타내는 듯하였다. 수요 예배 중 세례, 입교가 있기 때문에 7시 30분에 시작한 예배는 9시가 훨씬 넘어서 끝났다. 집까지 가려면 시간이 많이 걸리니까 저녁을 간단히 먹으라고 했다. 먹을 만한 음식점은 다 문 닫을 채비를 하고 있었다. 칼국수집 한 곳이 문이 열려 있기에 다행히 우리는 안으로 들어가 홀 중앙에 앉았다. 칼국수를 주문하고 있는 동안에도 청년은 손목시계를 자주 들여다보았다. 집까지 갈 것이 걱정이 되는 모양이다. 국수가 나오기까지 시간은 별로 걸리지 않았다. 뜨거운 것을 먹어야 되는 것이 곤욕스러워 보였다. 앞 접시가 있지만, 좀 더 큰 것을 달라고 하였다. 넓은 그릇에 국수를 담아서 식히는 것이 쉬울 것 같아서였다. 그는 국수 가락을 후후 불어가면서 입으로 젓가락을 옮겼다.

반쯤 먹었을까, 이때 그는 시계를 다시 쳐다보더니 가야겠다고 한다. 돌곶이역에서 지하철을 타고 청량리까지 가서 시외버스를 갈아타야 한다고 한다. 땀을 삐질삐질 흘리고 있었다. 조심해서 가라고 하는 나에게 고맙다고 꾸벅 인사를 하고 급한 걸음으로 역을 향했다. 그의 뒷모습을 바라보면서 하필이면 왜 오늘 차를 안

가지고 왔는지 후회하였다.

그녀의 집을 나와 엘리베이터를 탔다. 안에는 작은 꼬마가 우산을 돌리며 학원 가방 같은 것을 다른 손에 들고 있었다.

"얘야! 너 몇 살이야? 비가 많이 오는데 어디 가니?"

그 아이는 묵묵히 바닥만 내려 볼뿐 말이 없다. 내가 안으로 들어갈 때, 순간 마주친 눈길을 바닥에 꽂고 조용하다. 다섯 살이나 여섯 살 정도로 보인다. 말을 시키고 싶어서 다시 물었다.

"몇 살이야? 응?" 그때서야 아이는 말문을 열었다.

"모르는 사람에게는 말할 수 없어요." 퉁명스럽고 귀찮다는 듯이 내뱉었다.

"그래! 안 알려줘도 된다. 조심하거라." 하는 말을 건네주는 마음이 서글퍼진다. 내가 저 아이에게 어떻게 비춰진 것일까? 우리 어린 아이들이 어른에게 마음껏 그들의 생각을 펼치고 달려와 안길 수 있는 환경이 되어야 할 텐데…. 경계하는 닫힌 마음을 갖도록 교육하여야 하는 부모의 심정은 어떠할까?

외국인들의 아픔을 이해하고 감싸서 예수를 믿게 하는 것도 중요한 일이겠으나 우리의 이 새싹들이 꾸밈없이 밝게 세상으로 나오게 하는 일이 더욱 급한 것 같다. 이를 위하여 우리 어른들은 무엇을 해야 하나?

빗줄기가 멈추기를 바라며 젖은 땅을 밟고 있다.

(2006. 6. 12)

제110주년 필리핀 독립기념일과 제13주년 이주 노동자의 날을 기념하여

필리핀 이주 노동자들의 아픔과 고달픔이 나라를 가난에서 벗어나게 하고 발전시키는 지름길이라면, 결코 그들의 고통이 헛되지 않으리라 믿는다.

여의나루역에서 좀 떨어진 한강시민공원에 임시 무대가 설치되어 수십 개의 작은 천막이 한강을 바라보며 펄럭이고 있다.

무대에서는 신부의 미사 집전이 시작되었고, 성가대의 찬송도 아름답게 흘러 푸른 창공에 메아리친다.

구름 한 점 없이 드높고 맑은 하늘은 필리핀 독립기념일과 이주 노동자의 날을 축하하는 하늘의 뜻인 듯하다.

무대에는 필리핀 국기와 대한민국 국기가 나란히 서 있다. 미사가 끝난 후 모인 모든 사람들이 양국의 국가를 불렀다. 곧이어 신교의 예배가 필리핀 목사에 의하여 진행되었다. 뒤이어 본국의 대통령, 아로요에게서 온 메시지를 주한 필리핀 대사가 대독하였다.

1898년 6월 12일 필리핀 국기가 처음 휘날렸을 때, 통일 자유 국가에 대한 비전이 그들 조상들의 마음에 새겨졌으며 이를 이루기 위해 노력했다고 한다.

초대 대통령, 에밀리오 아구이날도(Emilio Aguinaldo) 장군의 독립 선언으로, 필리핀 건국자들은 현재 그들이 향유하는 민주주의 발전의 초석을 만들었다. 더 나은 삶을 위해 빈부격차, 정치적 안전성 유지, 경제 안정, 테러와의 전쟁, 도덕성 강화, 환경 보호 등의 문제를 개선하려는 노력에 주력하고 있다. 한 국가 국민으로서 그들은 모두 다 함께 발전을 위하여 노력할 것이라고 한다. 지속적인 발전을 위한 국가 정책들이 만들어지고, 국제적 사안들은 상호 호혜적인 방향에 맞춰지고 있다.

한국 내 5만 명으로 구성된 필리핀 커뮤니티는 그들의 선조들의 정신을 이어받아 같은 정신으로 노력하고 있다. 가는 길에는 어려움도 있으나 새로운 도전도 있을 것이라는 설명이다. 어려움에 직면해 이를 포기하는 것은 평범하지만 만족스러운 삶을 포기하고 노력했던 조상들에 대한 배신일 수 있다.

전세계에 퍼져 있는 필리핀인들과 함께, 필리핀 과거 역사를 통해 배운 교훈과 세계 글로벌화에 의해 발생하는 기회 그리고 무한한 가능성의 미래에 대한 열정적인 전망을 기반으로 지속적인 발전을 할 것이라고 했다.

필리핀 노동 고용부에서 보내온 메시지에서는 노동자의 날을 축하하며, 전세계에 거주하는 수백만 명의 필리핀 노동자들에게 다시 한 번 감사한다고 했다. 또한 이주 노동자들의 용기와 인내 그리고 애국심에 감사했다. 20세기 초 하와이 파인애플 농장 이주 노동자들을 시작으로 그들은 필리핀 경제 성장과 안정에 크게 기여하고 있단다. 2007년 해외 이주 노동자들의 송금규모는 144억 4,900만 달러에 달했다. 이러한 외환 보유고를 기반으로 필리핀 경제는 큰 도약을 이룰 수 있었다고 했다. 이주 노동자들의 송금은 필리핀 국내 가족들에게 안정적인 생활을 제공하고, 필리핀 거주 가족들의 안위는 해외 이주 노동자들의 해외 거주에 큰 동기 부여 역할을 한다.

이주 노동자들의 노력에 대한 감사 표시 일환으로, 해외 거주 필리핀 이주 노동자들과 가족들의 복지와 혜택에 대한 보호와 지속적인 노력을 약속하겠다고 했다.

축하 공연으로는 우리나라 가수 정동화와 필리핀 여가수의 노래가 장내를 흥겹게 하였고, 흥에 겨운 서너 명의 노동자들이 무대에 올라와 함께 춤을 추기도 했다. 점심을 먹으면서 한국에 흩어져 있는 이주 노동자들의 퍼포먼스가 각 커뮤니티별로 진행되었다. 그중에는 한국인들과 결혼한 그룹도 끼어있었다. 대사관의 노무관이 퍼포먼스 하는 커뮤니티의 수상을 나에게 부탁하였는데 모두들 열심히 준비하고 노력하여서 결정하기가 쉽지 않았다. 그러나 참석 인원이 많고 모두가 전통 의상을 입은 안산 커뮤니티를 1등으로 뽑아 주었다.

수백 명의 이주 노동자들이 불법 체류의 두려움과 고된 일상을 잊고, 오늘 하루를 조국의 따뜻함이 베여 있는 대사관의 축제에 참석하였다. 10년 이상을 조국에 가지 못하고 돈벌이에 얽매여 있는 사람들도 있었다. 자녀들의 공부가 다 끝나야만 갈 수 있다고 한다. 어떤 자매는 남편의 사망 소식에도, 어머니의 임종에도 가지 못한 그 설움을 통곡하였다.

얼마 전에 우리 교회에 다니는 린다가 밤에 찾아왔다. 10시가 넘은 시각이라 급한 일이 생겼구나 하는 불길한 예감이 들었다. 아니나 다를까 어머님이 위독하셔서 산소 호흡기를 끼고 있는데 임종하기 전에 가야 되겠다고 한다. 그녀의 어머니는 죽기 전에 막내딸이 보고 싶다고 했단다. 모든 것을 접고 가려고 하는데 작년에 일한 공장에서 못 받은 월급이 있으니 받아 달라는 부탁을 하러 온 것이다. 늦은 밤이니 내일 같이 가자고 하며 돌려보냈다.

다음날 린다와 함께 공장을 찾았다. 한국인은 공장 사장과 부인뿐이다. 열대여섯 명이 미싱을 돌리고 있는데 모두 필리핀 사람들이다. 몇 사람은 나를 보자 인사를 했다. 우리 교회에 가끔 나오는 사람들이다.

린다의 사정을 사장에게 상세히 설명하고 밀린 임금을 달라고 했다. 이 말을 옆에서 듣고 있던 사장 부인이 왈칵 화를 내면서 린다와 나를 노려본다.

"작년에 이민국에서 몇 명이 체포되어 갈 때에 우리는 공장을 다른 은밀한 곳으로 옮겨서 필리핀 애들이 일할 수 있도록 했는데, 린다는 그곳에 오지 않았잖아! 그때에 왔으면 주었지. 그때가 언제인데 무슨 돈을 달라고 하니?"

린다에게 왜 안 갔느냐고 물었다. 나의 질문에 그녀는 얼굴을 붉히며 당시에는 체포될까봐 너무 무서워서 가정부로 그 후에 취직을 했다고 한다.

불법 체류자로 7년째 한국에 머무르고 있는 그녀는 이민국의 체포를 피하여 이리저리 다니면서 심장병까지 얻었다고 한다. 그녀는 밀린 임금을 받지 못한 채 출국하여야 했다. 교회에서 나오는 구제비를 조금 손에 쥐어주며 미안하다는 말로 대신 했다.

아이를 낳아서 보름도 되기 전에 남의 손에 부탁하여 본국으로 보내고 밤마다 눈물짓는 필리핀 엄마도 있다. 5개월이나 된 뱃속의 아이를 낙태시키면서 부부가 서로 부둥켜안고 우는 모습도 보았다.

필리핀 이주 노동자들의 아픔과 고달픔이 나라를 가난에서 벗어나게 하고 발전시키는 지름길이라면, 결코 그들의 고통이 헛되지 않으리라 믿는다.

필리핀의 독립기념일과 이주 노동자의 날, 축제의 기쁨이 한국에 머무르고 있는 모든 필리핀 형제, 자매들의 가슴 속에 오랫동안 머물 수 있기를 기원하여 본다. (2008. 6. 8)

UCCP 필리핀 교회들을 돌아보고서

마침 그 땅 주인이 나를 바라보고 있어서 "살라맛 포(고맙습니다)." 하며 악수를 청했다. 마치 나에게 땅을 준 것처럼 고마움을 느꼈다.

필리핀의 수도 마닐라에서 좀 떨어진 카비테에 위치한 발라얀 교회의 헌당식에 참석키 위해, 6월 16일 아침 인천공항을 떠나 오전 12경 마닐라에 도착하였다.

헌당식은 18일 오후로 스케줄이 잡혀 있어서 그동안 서너 개의 교회를 돌아보기로 했다. 처음으로 불리한 교회와 타갈록 서남노회 사무실을 방문하였다. 교회라고 보기에는 너무도 보잘것없었다. 허름한 건물에 1인용 의자 20여개가 놓여 있었다. 그 더운 곳에 선풍기조차 보이지 않았다. 옆에 보이는 주민들의 집도 양철 지붕에 녹이 슬어, 군데군데 떨어져 나간 상태이다. 우리나라의 6 · 25 당시 생활상이 떠오른다. 지나다니는 사람들의 모습도 더위에 지쳐서인지, 궁핍한 생활 때문인지 생기가 없다.

서남노회의 사무실에 들어갔을 때에는 총무 목사님이 환한 미소로 일행을 반겼다. 작은 방 두 개를 쓰고 있었다. 하나는 실무를 담당하고 있는 총무 목사님의 방이고 다른 하나는 회의실로 쓴단다. 벽에는 두개의 선풍기가 달려 있어서 바람을 일으키고 있다.

잠시 회의실에 앉아서 서남노회에 속한 교회를 돕는 목사님의 직무에 대한 설명을 들었다. 그녀는 한국 노회와 교회에서 많은 도움을 받고 있어서 감사하다는 말을 전했다.

우리나라에서는 선교사로 파송되어 독자적으로 선교를 하는 분들과, 협력 선교사로 파송되어 현지 노회와 긴밀한 관계를 가지고 교회를 돕는 분들이 있다.

발라얀 교회는 우리 교회가 속하여 있는 북노회에서 파송한 선교사님의 제안으로 건축되었다. 건축비는 한 권사님의 후원으로 되었다.

헌당 예배에 참석하기 전에 깔라까 교회, 다오 교회, 두위 교회를 더 돌아보기로 했다. 세 교회의 모습이 비슷하지만, 우리나라에서 도움을 받아 새로 건물을 지은 교회는 건축 양식이 좀 달랐다. 우선 천정을 높게 하여 더위를 덜 느끼게 하였고, 자연풍이 들어올 수 있도록 벽에 듬성듬성 구멍을 내놓았다. 선풍기도 벽에 서너 개가 달려 있다. 이러한 새 건물이 들어서면, 그 동네가 깨끗해지면서 주민들이 교회로 온다고 한다. 새 교회가 동네와 주민들을 변화시킨다. 물론 그들의 영혼을 구원시킴은 두말 할 필요가 없다.

바탄가스에서 카비테에 있는 발라얀 교회로 향했다. 도착한 시간은 오후 2시였다.

교회 안에는 벌써 많은 필리핀 성도들이 좌석을 메우고, 타갈록 서남노회의 목사님, 발라얀 교회의 담임 목사님, UCCP 필리핀 그리스도 연합 총회의 전도 부장등이 이미 단상에 올랐다. 헌당 예배는 따갈로그(필리핀어)로 진행되었고, 가끔 중요한 부분만 영어로 통역을 했다. J교회 협력 교회라는 동판이 교회 한 벽에 박혀 있다. 그 동판에는 J교회 당회장의 이름과 후원한 권사의 이름이 새겨져 있다. 예배 중, 어린이들의 워쉽 댄스가 퍽 인상적이다.

끝나고 나오려는데, 교회 옆에 땅을 가지고 있는 주인이 자신의 땅을 일부 내어 주어서 통로로 사용하게 되었다고 한다. 마침 그 땅 주인이 나를 바라보고 있어서 "살라맛 포(고맙습니다)." 하며 악수를 청했다. 마치 나에게 땅을 준 것처럼 고마움을 느꼈다. 협력 선교사의 말처럼, 새로 지은 교회에 그들이 큰 관심을 갖는 것 같았다.

헌당식이 끝난 후 마닐라에 있는 UCCP 샬롬 센터로 갔다. 이 센터는 UCCP에서 운영하는 게스트 하우스이다. 마닐라 중심부에 위치하고 있다.

여기서 걸어서 엘린우드 말라트 교회를 방문했다. 이 교회는 미국 선교사가 세운 교회로 작년(2007년)에 백주년 기념행사를 치렀다고 한다. 백년을 지켜온 아름드리 나무가 교회 건물 밖에 두 그루나 무성한 잎을 나부끼며 서있다. 교회 안은 넓었으며 나무로 된 긴 의자가 앞으로 3, 4백년은 더 쓸 수 있을 것 같았다. 이 교회에서 당회장을 12년 동안 맡아 시무하신 분이 여자이시다. 이 교회의 당회장이 되려면 영어는 필수이고 다른 외국어와 함께 따갈로그 외에 다른 지역에서 쓰는 필리핀어에 능통하여야 한다. 여러 말로 예배를 보기 때문이라고 한다. 매주 참석하는 교인은 1,400명 정도이고 작년에는 백주년 기념으로 'Centennial Golf Cup' 대회가 있었다. 12년간 당회장을 지낸 Ruth. P. Billena 박사는 자그마한 키에 아주 겸손한 여자이다. 교회의 이곳저곳을 안내하면서 자기 교회에 아직 에어컨이 없어서 그것을 설치하는 것이 이 교회의 꿈이란다. 지금은 당회장직을 다른 목사님께 넘겨주고 교회의 다른 일을 맡아 하고 있다. UCCP에 대하여 물었더니, 빌레나 박사는 다음과 같이 답했다.

"1948년 필리핀에서는 신교의 모든 종파를 통합하여 하나로 일치했다. 그래서 이름을 United Church of Christ in The Philippines라고 하며 약자로 UCCP라 부른다."

이 말을 들으면서 왜 우리나라는 교단이 하나로 통합되지 못하는가 의구심이 생긴다. 비록 우리의 도움을 받아 교회를 설립하고 있으나, 벌써 60년 전에 교단을 통합하여 하나로 운영하는 필리핀 성직자들의 큰 그릇은 나에게 많은 생각을 안겨준다.

(2008. 6. 19)

코리안 드림을 접게 된 이방인

손을 휘저으며 아이는 아빠를 불렀고, 칸막이에 갇혀 있는 아이의 아빠는 큰 눈에 눈물이 그렁그렁한 채 "그래, 그래. 아이 러브 유." 했다.

때 아닌 비가 억수로 퍼붓고 있다. 가을로 접어드는 시기인지라 결실을 준비하던 나무들도 어처구니없이 휘둘려 낙과를 바라보며 눈물을 쏟고 있다.

거실 유리창에 부딪쳐 요란한 소리를 내며 흘러내리는 빗물을 보고 있다. 이때 전화벨 소리가 급한 듯 계속 울린다. 수화기를 들었다.

"미쎄스 킴! 경찰에 체포됐어요. 어떻게 해요?"

리또의 다급한 목소리다. 경찰에게 핸드폰을 주라고 했다. 어디인지 장소를 확인하기 위해서다. 경찰은 J파출소라고 하며 곧 출입국 관리소로 넘기겠다고 한다. 시간이 얼마 안 걸릴 테니 기다려 달라고 한 후 우산을 받쳐 들고 미친 사람처럼 그곳으로 뛰어

갔다. 옷은 빗발치는 물로 바지가 금세 다 젖어 몸에 붙었고, 우산 천을 뚫고 튀는 빗물에 머리와 얼굴이 젖기 시작한다. 안경도 뿌옇게 흐려져서 사물의 형체가 제대로 보이지 않는다. 숨을 헐떡이며 파출소 안으로 들어갔다. 방금 체포된 필리핀 사람 리또를 면회하러 왔다고 했다. 경찰은 뒤에 보호실로 안내하였다. 거기서 리또는 나를 바라보며 수갑을 찬 채 다른 세 사람과 함께 앉아 있었다.

무슨 일로 체포되었느냐고 묻자 대답도 하기 전에 큰 눈에 눈물이 고이기 시작하였다. 월급이 3개월 치가 밀려서 방세와 전기, 수도료를 내지 못해 일하던 공장 사장에게 사정을 하며 월급을 조금이라도 달라고 했으나 사장은 돈이 없다고 하였다. 그러면 원단이라도 팔아서 집세를 주어야겠다며 원단을 한 뭉치 집어 들었는데 이를 본 사장이 경찰에게 신고를 하여 체포된 것이다.

20여 년 전부터 내가 다니는 교회에 외국인들이 오기 시작했다. 그때 목사님의 부탁으로 설교 말씀을 동시통역해서 그들의 이해를 도왔다. 이렇게 하여 교회에 나오는 외국인 이주 노동자와 가까워진 것이 지금은 그들의 복지, 건강까지 관여하게 되었다.

리또의 딸 트리스타가 눈앞에 어른거린다. 3년 전 트리스타는 7개월의 조산아였다. 산부인과에서 아이는 곧바로 종합 병원으로 옮겨졌다. 인큐베이터에 넣어진 아이는 심장에도 이상이 있어서 지켜봐야 한다고 했다. 한 달을 그 안에서 아이는 잘 자랐다. 심장도 큰 문제는 없어졌다고 의사는 말했다. 적어도 한 달 이상을 더 입원하여야 하는데 퇴원을 시키겠다는 것이다. 이제 살려 놓은 아이를 죽일 거냐고 리또에게 반문했다. 리또는 친구에게 백만 원을 빌렸는데, 더 이상 할 수가 없다며 눈물을 쏟아내었다. 나머지 입원비는 모금을 할 터이니 걱정 말라고 위로를 하면서 병원을 나왔다. 교회에서 이러한 사정을 공고하고 모금을 시작하였다. 모금된 돈으로 트리스타는 한 달 반 정도를 더 인큐베이터에 있을 수 있었다.

아기의 엄마 쉘리는 아이를 낳은 후 20일 만에 다시 공장으로 돌아가 일을 시작했다. 퇴원 후 트리스타는 수녀들이 운영하는 어린이집에 보내져서 월요일부터 토요일 오후까지 보내고 주말에나 겨우 부모들과 접하게 되었다. 주일에 리또나 쉘리의 품에 안겨오는 트리스타를 보며 안쓰러움이 생긴다. 다른 아이들에 비해 작고 살집이 없어 보이기 때문이다. 비실비실하던 아이는 세 돌을 잘 넘기고 요즈음은 제법 한국말도 몇 마디 한다.

"배고파. 배불러. 사랑해요. 고마워요. 쉬할꺼야." 등등.

리또에게 출입국 관리소로 내일 찾아갈 테니 걱정 말고 가라고 하면서 파출소를 빠져 나오는 발걸음이 무겁다. 집에 도착하자마자 그의 아내, 쉘리가 흐느끼며 전화를 걸어왔다. 집으로 와서 같이 공장 사장을 만나보자고 했다. 일에 지쳐서 돌아온 그녀는 빗물과 눈물에 젖어 물 범벅이 되여 내 앞에 나타났다. 그녀의 등을 토닥거려주는 나의 눈에서도 눈물이 하염없이 흐른다.

우리는 발을 다 적시고 공장에 도착하였다. 빌딩 지하에 자리

잡은 공장은 꽤 넓었다. 뒤쪽에 원단이 수북하게 쌓였고 외국인들이 방금 전까지 돌렸을 재봉틀이 여기저기 놓여 있었다. 담배를 뻐금뻐금 피고 있는 중년의 남자가 서 있기에 이 공장의 사장님이 누구냐고 묻자 담배를 피던 그 남자는 자기라며 의아스럽게 쳐다본다.

"리또를 아시죠. 왜 신고하셨어요? 사장님도 벌금을 물어야 되잖아요! 벌금 바칠 돈으로 차라리 월급을 주시지…. 타국에서 고생하는 이들을 이렇게 아프게 해서야 되겠어요?"라고 한마디 던졌다.

불법 체류자를 고용할 경우 업주들도 법을 위반한 것이므로 벌금을 납부해야 한다. 허나 업주들이 몇 개월씩 월급을 지불하지 않아서 불법 체류자들이 공장을 그만 둘 경우 그늘은 그만큼 인건비를 지출하지 않아도 된다. 이를 이용하는 악덕 업주들이 가내 공업을 하는 사람들 중에는 꽤 있다.

"돈이 없어서 못 주었는데, 리또가 원단을 들고 위협해서 신고했습니다."

그는 오히려 억울하다는 듯이 눈을 치켜뜨며 언성을 높였다. 뒤에 서있던 쉘리가 울음 섞인 소리로 토한다.

"거짓말쟁이. 내일 준다, 금요일 준다, 월요일 준다 했잖아요."

그 사장을 어떻게 설득시켜야 할지 캄캄했다. 돈을 주려 하지 않는 사람에게서 돈을 받는다는 것은 어려운 일이다. 리또는 출국할 수밖에 없으므로 트리스타와 함께 출국할 수 있도록 항공권을 사달라고 부탁했다. 그는 노력해 보겠다고 하나 헛소리로 들린다.

밖에는 여전히 비가 퍼붓고 있다.

영치금을 조금 준비하여 가지고 목동에 있는 출입국 관리소로 갔다. 쉘리와 트리스타도 함께 하였다. 5층에 있는 면회실로 가서 신청서를 쓰고 기다리는 동안, 담당 직원에게 부탁을 했다. 리또가 출국할 때에 트리스타를 데리고 함께 출국할 수 있도록 도와달라고, 직원은 알았다며 서류에 무엇인가를 적는 듯했다. 트리스타는 나의 품에 안겨 낯선 주위를 두리번거리며 놀란 눈으로 이 사람 저 사람을 쳐다본다.

리또가 나오기를 기다리고 있는데 한 한국 아주머니가 그 아이가 누구냐고 묻는다. 필리핀 아기인데 아빠가 잡혀왔다고 했더니, 아기가 너무 말랐다며 돈 만 원을 트리스타의 손에 쥐어주며 사탕이나 사먹으라고 한다.

직원의 호명이 있었고, 리또가 초췌한 모습으로 쓴웃음을 지으며 면회실로 들어왔다. 나의 품에 안겨 있던 트리스타가 "아빠! 아빠!" 하며 펄쩍펄쩍 뛴다. 아빠를 만져볼 수도 없다. 우리의 면회는 칸막이를 통하여 이뤄지고 있었다. 칸막이 안쪽에는 잡혀온 사람이 앉을 수 있는 의자가 있고, 면회자들은 칸막이 밖에서 허리를 낮추어 구부린 자세로 앉아 있는 사람들을 향하여 뚫어진 구멍으로 말을 한다. 칸막이에는 몇 군데 구멍이 뚫어져 있을 뿐이다. 리또 앞에 트리스타를 내려놓았다. 손을 휘저으며 아이는 아빠를 불렀고, 칸막이에 갇혀 있는 아이의 아빠는 큰 눈에 눈물이 그렁그렁한 채 "그래, 그래. 아이 러브 유."했다.

사장은 항공권을 사주지 않았다. 리또는 화성에 있는 외국인 보호소로 송치되었다. 그 후 몇 번 사장을 만났으나 그는 확실한 대답을 회피하였다. 쉘리는 자기가 가정부로 일하고 있는 집 주인에게 사정을 이야기하고 월급을 가불하여 리또와 트리스타의 항공권을 사서 보호소로 보냈다. 남편이 공장 원단에서 얻은 알레르기로 인하여 가려움증이 심하므로 빨리 출국하여야 한다고 했다. 그의 옷가지와 약을 챙겨서 화성으로 갔다. 리또를 담당하는 직원을 만나서 그의 출국 날짜를 알아보고, 딸과 함께 출국할 수 있는지를 확인했다. 마지막이 될 면회를 신청해서 그를 만났다. 이제 그는 한국에서 이룰 수 있는 모든 꿈을 접은 듯, 그동안 감사했다며 트리스타를 잘 키우겠다고 한다.

리또를 보호소에 남긴 채 걸어 나오는 나의 마음에는 황량한 벌판에 모래 바람이 이는 듯했다. (2006)

선교사의 사랑

무지개 꿈을 가슴 가득히 안고
신랑 될 타인의 낯선 품을 향하여 촌각을 다투어 달려가고 있다.

하나님과 짝하여 온 50여년!
이 새벽에도 그녀는 사랑하는 주님을 찾아간다.
아버지! 말씀하여 주소서! 어디든 가오리다.
아버지 음성을 가슴에 품고, 머리를 조아려 기도한다.
아버지 가라시는 곳으로 떠납니다.
저와 함께 하시사, 모든 두려움은 물리쳐 주시고
이 좁은 가슴에 주님의 평안을 내려 주소서!

낯 설고 물 설은 나라!
광활한 초원에 말을 타고 달리는 유목민이 있는 곳!
징키스칸의 후예가 살고 있는 곳이라 한다.

주님의 손을 잡고 첫발을 디딘 땅!
이 땅에 살고 있는 사람들은 나를 닮았다. 한국인 말이다.
이들에게 어떻게 예수님을 전할 수 있을까?
아버지! 저에게 이들의 말을 배우게 하소서. 빨리요.
아버지! 도와 주셔야 합니다.
이 미련한 것이 언제 할 수 있을까요?
아버지! 김치도 잘 먹을 수 없네요.
너무 추워서 야채가 잘 자라지 못한다고 하네요.
저들이 먹는 양고기와 양젖을 잘 먹을 수 있도록
입맛을 바꿔 주십시오.

주님께 떼쓰며, 살아온 세월이 어언 8년이 넘었습니다.
아버지! 석양 노을을 바라보며 조국이 그리워 눈물 흘립니다.
그동안 이 땅에 이방인인 선교사로 잘 견뎌 왔습니다.
아버지의 은혜와 사랑 속에 잠겨서 말입니다.
저들에게 틈만 나면 예수님을, 아버지를 전파했습니다.
더듬거리는 저들의 말로요.
이것이 주님의 은혜요, 사랑인 것을 이제야 알 것 같습니다.
주님! 이제 저들을 남겨 두고 조국의 품으로 돌아가려 합니다.
아버지! 더 이상 추위와 외로움을 견디지 못하겠습니다.
용서하시고, 저를 들여보내 주소서.
"그래! 애 많이 썼다. 나의 아들, 예수를 너는 기억하느냐?

가시 면류관을 쓰고 십자가에 못 박혀 피흘리며 고통 가운데서 너를 위하여 죽은 나의 외아들 예수 말이다."

주님! 압니다. 십자가 앞에서 지금 주님께 간구합니다.

이기적인 이 딸을 잊어 주소서. 아니, 아버지의 딸이오니 잊지는 마시고 잠시 이 땅을 떠나게 하옵소서.

"가거라. 그러나 너에게 준 선교의 일은 잊지 말거라."

이국땅에서 나그네의 삶을 접고,
푸른 창공을 가르며 높이 솟아오르는 비행기에 몸을 실었다.
새장에 갇힌 새의 모습에서 벗어나
창공을 가로질러 비상하는 자신을 바라본다.
주님은 선교사에게서 멀찍이 떨어져 바라보신다.

오늘 그녀는 조국에서 한 이방인을 만났다.
피부는 까무잡잡하고 생김새도 다르다.
불법체류자로 숨어서 노동을 하는 보잘 것 없는 나그네를!
그러나 그를 만나는 순간부터 선교사는 아프기 시작했다.
그를 가슴에 품고 고통을 잉태하며 야위어 간다.
주님께 일천번제 헌금을 드린다.
새벽마다 아버지께 조르며 매달린다.
그 이방인이 자신의 남편이 되게 하여 달라고.
어느 날 그는 본국으로 출국하겠다며 떠난다고 했다.

귀국 후 전화를 하라고 했단다.

그 후 그는 아무 소식이 없었다.

3개월이 흘렀을 때에 그는 귀국하지 않았고 한국에 있다고 했다.

망연자실한 선교사! 그의 음성을 듣고 비난보다는 그리움으로 달려간다.

여전히 그녀는 하나님께 다짐한다. "주님! 맞죠! 나의 남편이 될 사람 말이에요."

1년이 지난 어느 가을날! 그는 불법체류자 단속반에 걸렸다.

출입국관리소에서 걸려온 전화다.

"나, 출국하여야 돼. 올 수 있어. 내 짐을 전부 가져다 줘."

짐이라야 옷 몇 벌이다. 조그만 여행용 가방에 짐을 챙겨서 그녀는 황급히 갔다.

드디어 그는 숨어서 일하는 고생을 놓고 본국으로 출국하였다.

수시로 전화를 한다. 그의 목소리를 듣고서야 그녀는 평안을 찾는다.

아버지! 아버지의 자리에 그를 앉힌 것이 아닌가 하여 겁이 납니다.

주님! 저를 주장하여 주시옵소서! 당신의 날개 아래에 머물게 하옵소서.

아버지여! 그와 내가 같이 있게 하옵소서! 온가족이 나를 버린다 하여도 저는 가겠습니다. 저를 미쳤다고, 안 본다고 합니다.

그리할지라도 저는 피터 그 사람을 따르겠습니다.

어느 주말, 홀연히 그녀는 그를 만나려고 출국하였다.
3일 만에 온 그녀는 행복한 모습이었다.
살림할 집을 계약했다고 한다. 곧 결혼하겠지?
머지않아 다시 조국 땅을 떠날 것이라 한다.

선교사는 다시 이방인으로 살아갈 준비를 하고 있다.
어떠한 환경이 그녀를 둘러쌀지 아무도 모른다.
무지개 꿈을 가슴 가득히 안고
신랑 될 타인의 낯선 품을 향하여 촌각을 다투어 달려가고 있다.
아버지여! 선교사의 황무지 같은 사랑을 어찌 보시나이까?
그녀의 환상이 깨지지 않기를….
아버지여! 굽어 살피소서! (2007. 5. 14)

5

휠체어를 타고 춤을

기다림

어두운 창공에서 빛을 토하는 너!
바람에 뒹구는 낙엽 소리에도
너는 숨어 있구나.

따가운 태양 빛 아래서,
얼굴 그을리며 찾는 너!
파도에 묻혀 보이지 않는구나.

나를 버린 이 빈 가슴에
哀愁로 출렁이는 너!
그대는 언제 썰물 되어 빠지려나.

야 만

우람한 몸집의 자메이카 안내원은 한 사람 한 사람씩 악수를 하면서 "야만~" 한다. 관광객들도 "야만~" 으로 고맙다는 인사를 대신하였다.

미국 텍사스 휴스톤에서 좀 떨어진 Galveston항을 떠난 크루즈, Carnival Conquest호는 3일 동안 쉬지 않고 카리브해를 항해하여 4일째 되는 날 아침에 카리브해의 심장부라고 하는 자메이카에 도착하였다.

지구상에서 가장 아름답다는 카리브해답게 물색은 푸르고 푸르러 어디가 바다이고 어디가 하늘인지 구분할 수가 없다. 다만 흰 갈매기들이 관광객들을 환영이라도 하는 듯 크루즈호를 향하여 날아오고 있다. 그들의 특유한 환영 송을 부르면서.

자메이카와 카리브해를 찾는 관광객의 관문인 몬테고베이(Montego Bay)가 우리가 도착한 곳이다. 오랜만에 육지를 밟으면서 미지의 세계에서 가져다 줄 흥분에 가슴은 벅차 있었다. 모든 사람들의 얼굴에는 환한 미소가 찬란한 아침 햇살처럼 반짝였다. 이제는 승선했던 사람들이 자신의 옵션에 따라 각각 흩어지는 시간이다. 두 여동생과 함께한 나는 Oncho Rios라는 곳에 위치한 던스리버 폭포를 택했다. 이곳은 세계에서 여덟 번째로 아름다운 폭포라고 한다.

미니버스는 몬테고베이에서 두어 시간을 달려서 폭포에 도착하였다. 안내하던 자메이카 처녀는 잘 다녀오라면서 "야만~" 하며 미소를 보낸다. 20여 명이 폭포로 안내하는 다른 남자 안내원을 따라 걸었다. 수목이 울창한 이곳에는 아름다운 꽃들도 제각각 자태를 보이며 특유의 향기를 뿜어내고 있다. 이름 모를 새들의 노랫소리를 따라 울창하여 보이지 않는 하늘을 올려다 본다. 폭포에 도착하기 전 여기저기에 자그마한 상가들이 보였다. 수영복과 선글라스, 폭포를 거슬러 올라갈 때에 신는 미끄러지지 않는 운동화 등을 펼쳐 놓고 팔았다.

몸집이 거대한 자메이카 안내원이 드디어 요란한 소리가 숲속을 진동시키는 폭포 물속으로 우리를 인도하였다. 무릎에 와 닿는 물은 퍽 차가웠다. 물이 차갑다고 하니 가이드는 조금 있으면 따뜻해질 것이라며 우리를 안심시켰다. 600피트나 되는 물살을 거슬러 올라가야 하는 난코스를 접했다. 그는 한 줄로 관광객들을 세우고 손에 손을 잡으라고 한다. 폭포의 물살이 무섭게 쏟아지고 또한 물속에 있는 바위들이 미끄러워서 손을 놓치면 넘어지므로 조심하라고 했다.

안내원은 맨 앞에서 첫 사람의 손을 잡고 뒤를 돌아다보며 쉴 새 없이 올라갔다. 폭포에서 떨어지는 물이 햇빛을 받아 아름다운 무지개를 만들었다. 두려움과 환희가 교차되어 탄성이 터져 나온다. 반쯤 올라갔을까, 막내 동생의 고함 소리가 들렸다. "엄마!" 모두들 그녀를 향하여 멈추어 섰다. 앞사람의 손을 놓치면서 나자빠졌다. 끼고 있던 선글라스도 급한 물살에 떠내려갔다. 안내원은 괜찮다면서 통쾌한 웃음으로 그녀를 바라보았다. 힘센 사람이 그녀의 앞에 있으면 좋겠다면서 한 미국인을 그녀 앞으로 내세웠다. 그 미국인의 아내가 나의 남편이라고 안내원에게 말한다. 안내원은 "염려 마세요. 다 올라가면 다시 당신의 남편이 될 것입니다." 그러면서 검은 피부에 하얀 이를 드러내며, "야만~" 한다.

어떤 곳에는 물 깊이가 수영을 할 수 있을 정도로 깊은 곳도 군데군데 있었다. 우리는 몇 차례 쉬었다. 넘어지고 자빠지는 사람들이 있어서이다. 물론 나도 두어 번 엎어졌다. 다행이 힘센 미국인 남자의 손을 잡을 수 있어서 곧 일어날 수 있었다. 폭포 속에서는 그 남자의 발 옆에 잽싸게 나의 발을 붙어 놓아서 빠른 물살을 피할 수도 있었다. 이러한 우리의 일행을 쫓아오면서 한 자메이카 여인이 사진을 찍었다. 이렇게 한 시간 반을 거슬러 올라가서야 우리는 물속에서 빠져 나올 수 있었다.

헐떡거리는 숨을 몰아내고 정신을 차려 사방을 돌아보았다. 아우성치며 아래로 쏟아져 내리는 폭포를 이제야 차분히 바라볼 수 있었다. 아! 이렇게 아름다운 곳이! 여기가 천국인가? 글로는 다

표현할 수가 없다. 초록색 바탕에 노란색 깃털을 드문드문 띈 새 한 마리가 붉게 핀 열대 꽃나무 위에서 아름다운 목소리로 기쁨을 전했다.

우람한 몸집의 자메이카 안내원은 한 사람 한 사람씩 악수를 하면서 "야만~" 한다. 관광객들도 "야만~"으로 고맙다는 인사를 대신하였다.

돌아오는 미니버스 안에서 '야만'의 뜻을 가이드인 처녀에게 물었더니 영어로 'OK or Good'이라는 뜻이라고 알려 주었다.

(2007. 2. 14)

에르미타쥐 박물관에서

오늘날까지 에르미타쥐 박물관과 상트페테르부르크 건물들을 아름답게 지켜올 수 있었던 것은 이러한 러시아인들의 예술 사랑이 아닐까 한다.

세계 3대 박물관 중 하나라고 하는 에르미타쥐 박물관을 러시아 상트페테르부르크에서 만났다.

1년에 수천만 명의 손님을 맞이하고 있는 이곳은 한 작품을 1분씩 24시간을 보아도 5년이 걸린다고 한다. 황제 개인 박물관으로서의 시절을 보낸 지는 오래되었으며, 매우 길고 어려운 인생을 겪어왔단다. 전쟁과 혁명, 대형 화재, 약탈이 있었으나 건설에의 열정과 수집에의 흥분과 몰입, 자부심과 환희와 헌신적인 사랑, 광신적인 숭배도 있었다. 상실과 획득, 비운과 실현 등 이 모든 것이 200여년 이상을 러시아 땅에서 세계 문화의 금벌 구역임과 동시에 그 수호자로서 자신의 거룩한 사명을 다해왔다는 것이 박물관장, 미하일 피오트로프스키의 말이다.

모스코바에서 야간 침대 열차를 타고 밤새도록 달려서 아침에 도착한 곳이 상트페테르부르크였다. 역에는 빅토르 목사와 그의 아내인 조 선교사가 마중을 나왔다. 그의 교회에서 잠깐 예배를 드리고 준비한 한식 조반을 먹었다.

빅토르 목사는 자신의 가정을 소개하였다. 한국인 아내 사이에 두 딸과 아들을 두었다. 자신의 할아버지와 아버지는 러시아 정교를 믿어 왔으며, 사제까지 하였다고 한다. 그러나 자신은 오랫동안 신앙생활을 하면서 예수를 만나지 못하였는데, 개신교를 믿어 그를 발견하고 만났다는 고백을 하였다. 아내인 조 선교사는 그의 선생님이었다. 에르미타쥐 박물관은 그가 안내를 하겠다고 한다.

아침 9시경인데도 관람객들의 줄이 퍽 길게 늘어져 있었다. 박물관 안으로 들어온 그는 이곳에서 3년 간 연구원으로 역사를 공부했다고 한다. 위에 언급한 5년이 걸린다고 한 것은 빅토르 목사의 말이다.

겨울 궁전은 에르미타쥐 종합 건물의 심장 부분으로 1754년에서 1762에 걸쳐 건설되었다고 했다. 이 궁전은 표트르 황제 통치기에 지어졌다. 궁전은 웅장하며 독특한 우아함과 색조를 띠었다. 황금 응접실을 지나고 몇 군데를 거쳐서 파빌리온(오두막, 정자) 전시관으로 왔다. 이곳은 고가의 바닥 장식과 모자이크화 된 바닥, 그리고 크리스털과 도금된 브론즈로 만들어진 샹들리에의 비길 데 없는 앙상블은 파빌리온 전시관에 멜랑콜리와 화려함을 자아내었다. 이곳에는 18세기의 코크스에 의해 영국 메커니즘으로 제작된 파블린(공작새) 시계가 전시되어 있었다. 시간을 알릴 때 공작과 닭이 운다고 한다. 파빌리온은 예카제리나 여제가 영광스런 치세 3년에 겨울 궁전의 근접한 곳에 공중 정원을 만들 결심을 하면서 초석이 되었다. 의식적인, 공식적인 인생의 무상함으로부터 벗어나 우아한 고독을 즐길 수 있었던 왕녀의 휴식 장소로 고안된 에르미타쥐 건물의 앙상블로 되었다.

노브이 에르미타쥐는 니콜라이 1세의 명령으로 탄생되었으며 여러 궁전에 분산되어 있던 왕의 예술 귀중품들을 전시할 수 있는 곳으로 했다. 르네상스기의 이탈리아 마졸리카 작품 500여 점도 이 박물관에 보관되어 있으며 라파엘 회랑, 미켈란젤로관, 기사관, 기타 여러 화가들의 작품들도 전시되어 있었다.

빅토르 목사는 네덜란드 화가인 렘브란트 하르멘스 반레인(1606~1669)의 그림 앞에 섰다. 그의 「돌아온 탕자」 작품은 1660년 말에 그려졌다고 한다. 이는 렘브란트 자신의 일생의 결말을 담고 있는 듯한데, 고독의 상태에 처한 모습을 그린 것으로 본다고 한다. 물론 성경에 나오는 탕자의 모습을 그린 것임에는 틀림없었다. 1636년에 렘브란트가 그린 「다나냐」 앞에서 빅토르 목사는 말을 하지 못하고 두 눈에 눈물이 글썽거렸다. 눈물은 두 볼을 타고 흘러 뒷주머니에서 손수건을 꺼내 훔쳐내었다. 무슨 영문인지 갑자기 어리둥절해서 그를 처다만 보고 있는데 한참 후에 그는 감정을 다스리고 말문을 열었다.

1985년 자신이 연구원으로 있을 때에 한 정신과 환자가 관람객으로 들어와서 이 작품에 유황산을 뿌렸고, 두 번의 칼질을 했다는 것이다. 이를 복원하기 위하여 12여년이란 세월을 들였지만, 자신이 보기에는 천사의 모습만 그대로 색을 유지하고 있을뿐 안타깝기 그지없다고 했다. 목이 메어서 말을 멈춘다. 예술을 깊이 사랑하고 보존하려는 러시아인의 순수성을 보았다. 오늘날까지 에르미타쥐 박물관과 상트페테르부르크 건물들을 아름답게 지켜올 수 있었던 것이 이러한 러시아인들의 예술 사랑이 아닐까 한다. 후손에게 막대한 자산을 대물려 주고 있다는 그들에게 경의를 표한다.

에르미타쥐 박물관을 나오면서 유명한 작품들과 그 화려하고 섬세한 조각품들 때문에 터트렸던 탄성은 간 데 없고, 무엇을 우리는 후손에게 물려 줄 것인가를 생각하며 허허로운 가슴을 내어 보였다. (2007. 8. 30)

볼고그라드에서 만난 카레이스키

흔히 그들을 '카레이스키' 라고 부른다. 그들의 손을 잡았을 때에 그 투박하고 거칠거칠한 손에서 그들의 과거와 현재를 느낀다.

찌는 듯한 서울을 떠나 인천공항에서 AIROFLOT에 탑승한 후 9시간 만에 모스코바 쉬르메쩨보 공항에 도착하였다. 공항에서 짐을 찾은 후 다시 국내 비행기를 갈아타고 2시간을 날아가서야 볼고그라드에 닿을 수 있었다.

모스코바에 도착하였을 때에 그 공기의 열기가 서울에 못지않게 온몸을 휘감아 일행을 놀라게 하였다. 8월 말경 그곳은 가을 날씨리라 생각하고 갔는데 어리둥절하였다. 헌데 볼고그라드는 모스코바보다 2도가 높은 섭씨 36도였다.

이른 아침에 이 선교사님이 호텔로 오셨다. 그의 사역지로 향하기 위하여 미니버스를 탔다. 창문을 활짝 열고 달리는 버스이나 밖에서 들어오는 열기와 버스 위에 내려 쬐이는 강열한 햇살로 인하여 버스 안은 사우나를 방불케 하였다.

외곽 지역으로 달리는 양옆에는 미국의 아리조나 주를 연상케 하는 사막 같은 벌판이 끝없이 이어졌다. 한참을 달린 후에 사람들을 볼 수 있었다. 농작물들을 길옆에 조금씩 펼쳐 놓고 파는 모습이 우리나라 시골 장날 모습과 같았다. 그들은 고려인들이다. 검게 탄 얼굴에는 굵은 주름이 도랑처럼 패여 있고, 의복은 남루하기 짝이 없다. 수박, 오이, 피망 등을 무더기 무더기 쌓아 놓고 팔고 있었다. 야채와 과일이 싱싱하기도 했지만 그들을 돕고 싶은 마음에서 넉넉히 사서 차에 실었다.

농부들 중에 몇 분이 선교사님을 보고 반색을 하며 토마토 몇 개를 그의 손에 쥐어준다. 버스는 다시 달리기를 계속하였다. 버스 안에서 달아오르는 열기로 얼굴들은 찜질방에서 나오는 사람들처럼 붉게 상기되어 있었다. 한 시간 이상을 달려서 어느 허름한 건물 앞에 우리는 내려졌다. 2층 건물로 1층은 수리중이란다.

어지럽게 널브러져 있는 건자재를 피하면서 2층 예배실로 올라갔다. 즉시 도착예배를 드렸다. 30여 명의 어른들과 열대여섯 명의 아이들로 추산되는 성도들이 참석하였다. 모두가 고려인이었고 그 중에는 러시아인 아버지나 어머니를 둔 혼혈의 여인들이 더러 있었다. 한 러시아 아이는 뒤에서 머뭇거리며 어울리지 못하고 있다. 혼혈로 보이는 한 여인에게 무슨 일을 하느냐고 물었다. 그 여인은 아무 일도 안하며 연금을 타서 생활한다고 하였다. 수명이 짧아 55세가 되면 연금이 나온다고 한다. 그러나 시민권이 있는 사람들에게만 연금이 나오고, 시민권이 없으면 노동하기도 힘이 든다고 한다. 물론 의료혜택도 못 받는단다. 대부분 무국적자인 고려인들의 생활상을 짐작할 수 있는 말이다.

고려인의 역사는 1863년 연해주 포시에트 지역에 13가구가 최초의 기록으로 되어 있고, 1867년 185가구 999명으로 늘었다. 1905년 을사보호조약 이후에는 의병기지화의 역할을 담당했다. 러시아에 분포되어 있는 고려인의 수는 현재 약 55만 명이나 되며 볼고그라드에는 약 3만 명이 거주하고 있다고 한다.

1990년 구소련의 해체와 신생 독립국가들의 탄생은 고려인들을 다시 유랑민으로 만들고 있었다. 구소련 내에 다른 소수 민족과는 달리 고려인 동포들은 모국으로의 귀국 지원 프로그램도 없고, 반겨주는 나라가 없기에 고국으로 돌아오지도 못하고, 생존을 위해 유랑하거나 현지에서 정착하기 위해 오늘도 피와 땀을 쏟고 있다. 그들을 무국적 고려인이라 부르기도 하고 흔히 '카레이스키'라고 부른다. 그들의 손을 잡았을 때에 그 투박하고 거칠거칠한 손에서 그들의 과거와 현재를 느꼈다.

성도 한 사람, 한 사람을 보듬어 안고 부드러운 한국어로 또는 러시아어로 사랑을 전하는 선교사님! 한국에서 교사로서 편안한 생활을 할 수 있었건만, 그것을 포기하고 복음을 전파하며 동포애를 그들에게 펴 주는 오늘의 그가 진정한 애국자요, 그리스도인이라는 생각이 든다. 이곳의 어린 아이들이 장차 자라서 조국인 한국을 알고, 진정한 크리스천으로 성장하여 세계 속에 우뚝 설 날을 기대하여 본다. 마마이에르꾸르간에 있는 동상 '로지나 마제리(조국의 어머니 상)'처럼 그가 기억되기를 바란다.

러시아에서 제일 큰 강이며 유럽에서 가장 긴 강으로 그 길이가 3,690킬로미터나 되는 볼가강을 자투리 시간을 내어 해가 기울 때에 나갔다. 강가의 큰 광장에는 수많은 젊은이들이 모여들고 있었다. 아마도 큰 공연이 있는 모양이다. 크고 마른 체격에 핫팬츠나 엉덩이만 겨우 가린 미니스커트를 입은 젊은 여성들이 연인들과 함께 담소하거나, 남자들의 품에 안겨 있거나, 더러는 애정 표현을 진하게 하는 쌍들도 눈에 띄었다.

황혼의 석양이 강물에 드리워 금빛을 발하면서 파도에 출렁이는 모습은 은파가 아닌 금파였다. 유람선에 올라 30여 분 강 주위를 돌 때에 낮에 보았던 로지나 마제리 상이 멀리서 우뚝 서있어 그녀가 들고 있는 칼뿐만 아니라 몸체까지도 볼 수 있었다. 선착장에 돌아왔을 때에는 공연이 한창이었고 강가와 언덕에는 젊은이들의 물결로 인하여 발 디딜 틈이 없었다.

어둠은 짙게 깔리었으나 무대에서 쏟아내는 조명으로 대낮처럼 공연장은 밝았다. 젊은이들이 토해내는 함성으로 귀가 찢어질 듯하였다. 매년 9월 12일에는 이 도시의 건립을 축하하는 공연이 열리는데 그 후원을 우리나라 기업인 LG가 한다고 한다. 약 6만 명이나 모인다고 하는데 여기서 고려인 젊은이들을 발견할 수 없음은 무엇을 의미하는가?

볼고그라드에서 모스코바로 돌아왔을 때에 날씨는 기상 이변을 접고 가을 날씨로 돌아왔다. 모스코바 대학을 뒤에 둔 레닌 언덕에서 시내를 내려다보며 생각에 잠겨본다. 자작나무가 하늘을 찌를 듯이 높이 자라 있는 이곳, 왕복 10차선 도로가 시원하게 뚫려 있고 세계 각처에서 생산되는 이름 있는 자동차들이 굴러다니는 이곳, 시내 중심에 우리나라 기업, 롯데플라자(백화점과 호텔)가 화려하게 서있는 모스코바, 러시아에서 한국의 경제력이 펼쳐지고 있다. 그러나 이러한 모습들이 카레이스키에게는 남의 나라 이야기일 뿐이다.

기상 이변이 지나고 정상으로 돌아온 모스코바의 날씨처럼, 찜통 같은 고통과 괴로움 가운데 유랑민으로 떠도는 볼고그라드의 고려인들과 다른 모든 지역의 고려인들이 정착하여 이 가을에 서늘하고 쾌적한 삶을 누릴 수 있기를 마음속 깊이 기도한다.

(2007. 8)

로즈 힐스 메모리얼 파크

꽃을 힘없이 바라보던 어머니의 눈동자는 창밖의 석양으로 향하였다. 무슨 생각을 하고 계실까? 스르르 눈을 감는다.

아침 햇살이 눈부시게 쏟아지고 있다. 검은 리무진을 경찰 순찰대가 에스코트하며 프리웨이 진입로로 들어가게 한다. 뒤따라 수십 대의 승용차들이 비상등을 켜고 따른다.

리무진은 40여 분을 달려서 장미꽃이 만발한 로즈 힐스 메모리얼 파크에 다다랐다. 낮은 언덕을 휘돌아서 큰 나무들이 드문드문 서 있고 다운타운이 내려다보이는 중턱에서 완전히 멈추었다. 뒤따라오던 모든 승용차들도 멈추었다.

리무진에서 자주색 관을 꺼내 운구 위원들이 준비되어진 묘지에 관을 옮겨 놓았다. 곧이어 목사님의 하관 예배가 집례되었다. 많은 조화들이 묘지 앞에 놓여 있다. 환송 예배 때에 있던 것들이 그대로 옮겨졌다. 흰 백합, 붉은 카네이션, 보랏빛 실국화, 빨간 장미, 노란 국화, 분홍빛 양란, 백색과 자색의 글라디올러스, 붉은 칸나 등등. 꽃향기가 햇살과 어우러져 영혼을 이끄는 듯 했다.

어머니는 11월 14일 오렌지글로브 리하빌리테이션 호스피탈(Orangegrove Rehabilitation Hospital)로 오셨다. 신장의 기능이 5퍼센트의 역할을 할 뿐이라고 주치의는 말하면서 자기로서는 할일을 다하였다고 한다. 모든 기관들이 약화되어 아마 일주일 내지 열흘이면 생명이 다하게 될 것 같다며 마음의 준비를 하란다. 소변은 호스로 뽑아냈다. 계속되는 변으로 인하여 간호보조원이 수없이 기저귀를 갈아 채웠다. 식사를 못하신 지가 2주가량 되었다. 기력도 없으신 분이 어인 일인지 16일에는 아침 샤워 후 예배에도 참석하셨고, 막내딸과 함께 휠체어에 앉아 병원 밖 산책을 잠깐 하셨다. 병원 담 옆에 피어 있는 장미를 보고 예쁘다고 하여, 꽃잎을 따드렸더니 손에 꼭 쥐고 병실까지 가지고 오셨다. 유난히 꽃을 좋아하셔서 병상에 유리 꽃병을 놓고 어머니가 누워 계신 방향에다 꽃병을 갖다 놓곤 하였다.

그날 오후에 잠깐 병실을 비우고 서점에 가서 책 한권을 사 가지고 왔다. 잠에서 깨신 어머니는 어디에 갔다 왔느냐고 가냘픈 목소리로 물으셨다.

17일에는 크랜베리 주스를 작은 스푼으로 두 스푼 드셨다. 의사는 스펀지에 물을 축여서 입술에 발라 드리라고 한다. 헌데 우리 자녀들은 컵에 물을 담아 빨대를 넣어서 먹여드렸다.

무난하게 드시는 듯 하여 며칠을 그렇게 했는데 어느 날 저녁

물을 다 토하셨다. 그 후 물을 드릴 수가 없었다. 눈을 뜨시면 물 좀 달라고 하신다. 어머니의 귀에 대고 "죄송해요, 물을 드릴 수가 없어요. 토하시면 힘이 드시니까. 어머니! 사랑해요."라고 하는데 눈물은 폭포수처럼 흘러내렸고 가슴은 찢어지는 듯 아파왔다. 아무것도 먹을 수 없는 것을 안 그녀는 오직 물만을 달라고 하였는데, 이제 그마저도 먹을 수 없다고 하니….

자신의 힘으로 아무 것도 할 수 없는 어머니는 어린아이의 모습이다. 어린아이는 힘차게 발짓 손짓을 할 수 있으나, 어머니는 눕혀 놓은 대로 몇 시간이고 있다.

20일 호스피스 사무실에서 에어베드가 왔다. 하루 종일 누워 있어서 욕창이 염려된다고 한다. 에어가 들어 있는 매트리스로 옮겨졌다. 산소 탱크도 함께 왔다. 샌프란시스코에서 직장에 다니고 있던 손자가 휴가를 내서 할머니를 뵈러 왔다. 침대에 누워 계신 할머니의 몸에 상반신을 포개었고 얼굴에 얼굴을 포개어 비벼댔다. 큰 눈에서는 굵은 눈물이 흘러 내렸다. 할머니는 손자의 손을 놓지 않아서 그는 몇 시간을 그대로 앉아 있었다.

29일 병실에서 석양을 볼 수 있도록 커튼을 들어 올렸다. 어머니께서 밖을 보실 수 있도록 침대 상단을 약간 올렸다. 화병에는 주홍빛 달리아와 흰 국화가 꽂혀 있다. 지는 해는 밖을 온통 붉은 빛으로 물들이면서 어두움을 끌어들이고 있다. 꽃을 힘없이 바라보던 어머니의 눈동자는 창밖의 석양으로 향하였다. 무슨 생각을 하고 계실까? 스르르 눈을 감는다.

12월 1일 기온이 뚝 떨어졌다. 어제 하루 종일 비가 와서인가 보다.

간호보조원 멕시코인 반쵸가 들어와서 말을 건다.

“할머니, OK. 다이퍼챈지. OK?” 이 말에 눈을 살짝 뜨시고, 고개를 끄덕거린다. 그는 하루에도 몇 번씩 기저귀를 갈아 채워 주면서도 늘 상냥한 말씨와 미소를 잃지 않는다.

3일 밤 어머니는 눈을 잠깐 뜨셨다. 병상을 지키고 있는 자녀들에게 그녀의 희미한 눈동자가 스쳐간다. 순간 셋째 딸이 화병에서 흰 국화를 꺼내어 그녀의 코에 대였다.

“엄마! 냄새 좋지!”

그녀는 고개를 한 번 쳐들었다가 떨어트린다. 호흡이 고르지 않은 것 같다. 간호사를 불렀다. 간호사는 즉시 산소 탱크에 호스를 연결하고 어머니의 코에 그것을 연결하였다. 의사의 지시가 있었다고 한다.

산소의 힘을 빌려 어머니는 하루를 더 호흡하시고 12월 5일 화창한 아침 9시 30분에 하나님의 부름을 받으셨다. 이른 아침에 샤워도 하셨고, 좋아하시는 핑크빛 내의도 입으셨다. 얼굴에는 평소에 있던 주름도 보이지 않았다. 평소 소원하시던 대로 주무시는 가운데 육의 장막을 떠나셨다. (2007. 12. 5)

그랜드 케이만

그랜드 케이만에 와보니, 묘지 위에 평화는 움직임이 없는 평화요, 이곳의 평화는 살아 움직이는 평화(Living Peace)라는 생각이 든다.

케이만(Cayman)섬들은 자메이카 북서쪽으로 180마일 떨어져 있으며, 마이아미의 남쪽에서 460마일 떨어져 있는 곳으로 그랜드 케이만(Grand cayman), 그랜드 블액(Grand Brac)과 리틀 케이만(Little Cayman) 등 세 섬으로 되어 있다.

그중에 가장 큰 섬이 그랜드 케이만이며 인구도 가장 많다. 바닷물의 온도는 일 년 내내 화씨 80도란다. 겨울에는 수온이 조금 내려간다고 하나 별 차이가 없다고 한다. 바닷물이 얼마나 맑은지, 적어도 100피트 아래까지는 내려다 볼 수 있다.

자메이카와 함께 오랫동안 영국의 통치하에 있었던 이 섬은 1962년 자메이카가 영국으로부터 독립을 하였으나, 자신들은 영국의 식민지로 남아 있기를 원하여 현재도 영국의 통치하에 있다. 한때는 5

백 개의 은행이 있었을 정도로 은행이 많았으며 세금을 기피하는 부자들이 이곳으로 많이 왔다고 한다. 눈부신 백사장과 수렁 같은 바다는 골프 애호가들의 겨울 천국이기도 하다.

Carnival Conquest호로 텍사스 겔버스톤 항을 떠난 지 5일 만에 이 섬에 도착하였다. 7마일 비치로 불리는 이 섬에서 옵션으로 그랜드 케이만 스노우쿨링 투어를 택하였다. 크루즈호인, 카니발 칸퀘스트에서 내려 작은 배로 옮겨 탔다. 이 옵션을 택한 관광객은 25명이다. 배는 카리브해의 푸르디 푸른 바다 가운데로 향했다. 물론 지금까지도 카리브해를 항해하여 왔다.

이 조그마한 배는 30여분을 항해하여 망망대해에 배를 정박시켰다. 모두에게 스노우쿨링 장비를 내어 주었다. 안내원 자메이카 남자는 자신이 먼저 장비를 얼굴에 하고는 한 사람 한 사람씩 배에서 내려오라고 하며 손을 잡아 주었다. 배에서 물속으로 내려올 수 있도록 조그만 사다리를 배 몸체에 걸쳐 놓았다.

수영복을 입은 자메이카인은 물속에서 관광객의 손을 잡아내려오는 이들이 넘어지지 않도록 도왔다. 물속을 들여다 본 모든 관광객들이 환호성을 친다. 너무도 큰 가오리들이 검은 등을 보이며 사람들 사이를 유유히 오가고 있기 때문이다. 카리브해의 모든 가오리들이 이곳에 집중된 듯한 느낌이다. 하늘과 바다는 푸른색으로 펼쳐져서 어디가 바다이고 어디가 하늘인지 도무지 분간이 가지 않는다. 물의 깊이는 가슴까지 차는 곳도 있고 더 깊은 곳도 있었다.

두 여동생과 함께 우리는 멀리 가지 않기로 하고 물속으로 내려갔다. 흰 바다 모래가 훤히 보이며 무섭게 느껴지는 가오리들이 때를 지어 침입자들을 건드려 본다. 그들의 지느러미는 물고기의 지느러미라기보다 독수리의 날개처럼 몸체의 양옆으로 크게 펼쳐져 있다. "오우!" 하며 감탄과 환희에 젖어 있을 때에 어디서 "엄마" 하는 외마디 소리에 놀라 물 위로 솟아올랐다.

이곳에서 한국말을 할 수 있는 사람은 우리 셋뿐이다. 분명 동생이리라 생각했다. 아니나 다를까 막내 동생이 놀란 표정을 짓고 스노우쿨링 장비를 벗어 왼손에 쥐고 나를 쳐다본다. 가오리에게 쏘이기라도 하였나 싶어 걱정이 앞선다. 그때 그녀 옆에 서있는 한 흑인과 나의 눈길이 만났다. 이때에 갑자기 동생이 웃기를 시작하였다. 까르르 까르르…. 웃음소리가 멈추지 않는다. 웃는 동생을 보니 별일은 없는 것 같아 그 흑인에게 놀라게 하여서 미안하다고 했다. 긴장했던 그도 그제야 하얀 이를 드러내 보이며 환한 미소를 짓고 다시 물속으로 사라졌다. 그때서야 동생에게 "왜 소리 질렀니" 하고 물었다. 그녀는 다시 큰소리를 내어 웃으면서 "아까 그 흑인 때문이야" 한다. 갑자기 자기 다리 옆으로 큰 검은 물체가 다가와서 소리를 질렀다는 것이다.

우리는 스노우쿨링 장비를 벗고 안내하는 자메이카 남자를 불렀다. 기념사진을 찍어 달라고 했다. 잠시 기다리라고 하더니 그는 물속에 얼굴을 넣었다. 금세 그는 큰 가오리 한 마리를 가슴 가득히 안고 우리가 서있는 곳으로 걸어 왔다. 검은 피부의 자메이카

인과 검은 가오리는 한 덩어리가 되었다. 그는 양손으로 가오리의 날개를 잡고 우리에게 그 등에 키스를 하라고 한다. 이를 지켜보는 자메이카 아가씨에게 빨리 사진을 찍으라고 한다. 허리를 굽혀 가오리의 미끈덕거리는 등에 키스를 하면서 그 아가씨를 바라보았다. 고맙다고 하자 배에서 내리기 전에 사진을 찾아가라고 한다.

이 넓고 넓은 카리브해를 누가 발견하였을까. 배를 정박하여 놓고 가오리들과 함께 수영을 할 수 있는 이곳, 그리 깊지도 얕지도 아니한 적당한 물 깊이. 이곳을 우리의 동해 바다나 서해에 옮겨 놓을 수만 있다면 얼마나 좋을까. 혼자 보고 즐긴 것이 미안한 마음이다.

허락된 2시간이 훌쩍 지나갔다. 우리는 다시 정박된 배 위로 올라왔다. 한낮의 태양은 푸른 바다 위에 쏟아져 내려 반짝이며 파도에 실려 떠내려가고 있다.

1982년 5월 알링턴 국립묘지를 방문하였을 때에 유엔의 한 직원이 말하기를 이곳이 평화로운 곳이라고 말했다. 그때에 감탄하며 정말 평화로운 곳이라고 했다. 헌데 지금 그랜드 케이만에 와 보니, 묘지 위에 평화는 움직임이 없는 평화요, 이곳의 평화는 살아 움직이는 평화(Living Peace)라는 생각이 든다.

카리브해의 이 낙원에 영혼의 일부를 남기고 떠난다. 푸른 물결이 흰 파도를 밀쳐내며 거세게 밀려오고 있다. 그러나 흰 갈매기들은 찬란한 햇빛을 받으며 평화로운 비행을 하고 있다.

(2007. 2. 14)

휠체어를 타고 춤을

화려한 드레스를 입고 춤을 추는 여인들보다 바지에 티셔츠를 입고 휠체어를 밀며 스텝을 밟는 그 여인이 더욱 아름다웠다.

카리브해를 Carnival Conquest호는 계속 순항하고 있다. 2천 5백여 명이 넘는 손님과 천여 명에 가까운 직원들을 싣고, 텍사스의 Galveston항을 떠난 지 이틀째 되는 날이다. 배는 자메이카를 향하여 항해를 계속할 것이다.

크루즈 여행에서 가장 기대되는 날이 캡틴디너(Captain Dinner)파티이다. 여자들은 가장 화려한 드레스와 액세서리로 몸치장을 하고, 남자들은 정장이나 테일 코트를 입고 디너 홀에 나타난다. 홀 입구에는 선장이 흰 유니폼에 흰 모자를 쓰고 정중하게 한 사람 한 사람씩 인사를 나누고 악수를 청한다. 그 뒤에는 부선장 두 명이 또한 인사를 하며 악수를 나눈다.

시간이 꽤 걸려서야 모든 승객들이 홀 안으로 들어왔고 뒤이어

선장과 부선장들도 따라 들어왔다. 그동안 경쾌하고 발랄한 음악의 선율이 사람들의 마음을 흔들어 놓고 있었으나, 선장이 들어오자마자 음악은 멈추었다. 이미 몸을 일으켜서 춤을 추고 있던 사람들도 자기 테이블로 돌아가서 선장의 말을 기다리고 있다. 선장은 환영사를 하며 이 배에 승선하여 주어서 감사하다는 말과 함께 다음 크루즈 여행에서도 Carnival Conquest호를 이용하여 주기를 부탁하고 말을 맺었다. 모든 손님들은 박수를 쳐서 화답하였다. 선장은 큰 키에 빼어난 미모와 체격을 갖추어 더욱 큰 박수를 받지 않았나 생각된다. 선장의 말이 끝나고 박수 소리가 멈추기도 전에 댄스 음악의 리듬이 테이블에 앉은 이들의 몸을 요동시키고 있다.

식사의 주문을 받는 웨이터들의 발걸음도 바빠지고 있다. 대부분의 사람들이 식사 주문보다 선율의 리듬에 따라 쌍쌍이 춤을 추는데 열중하고 있다. 두 여동생들과 함께 한 우리 테이블에는 상냥한 필리핀 웨이터가 사뿐사뿐 춤을 추듯 우리가 주문한 요리를 코스대로 날아다 주었다. 우리도 식사가 끝나는 대로 스텝을 밟아 보리라 마음먹고 있는데, 서빙하던 웨이터가 우리를 일으켜 세운다. 동생들과 나는 그의 손에 이끌려 홀 안쪽으로 인도되어 가벼운 발놀림을 하게 되었다.

이때에 나의 시선 속에 들어온 것은, 휠체어를 밀면서 스텝을 밟는 50대로 보이는 여인이었다. 휠체어에는 코에 호스 줄을 매달고 있는 80이 넘어 보이는 할머니가 앉아 있었고, 그녀의 눈에서는 하염없이 눈물이 흘러 움푹 파인 볼을 타고 턱에 이르러 떨어지고 있다. 나의 발걸음은 무의식중에 휠체어 있는 곳으로 옮겨졌다. 휠체어 옆에는 조그마한 통이 매달려 있었고, 노인의 코에 끼여진 호스 줄은 그곳에 연결되어 있었다. 허리를 굽혀 휠체어를 밀면서 선율에 맞추어 스텝을 밟는 여인은 때때로 더욱 허리를 굽혀 노파를 사랑스런 눈초리로 바라보며 휠체어의 앞을 올렸다 내렸다 하면서 음악에 맞추어 노래까지 불러 주었다. 중년의 낯선 이 외국인의 효심에 가슴이 뭉클하며 저려왔다. 저렇게 무거운 병색을 띤 노인을 어떻게 여행에 모시고 올 생각을 하였는가? 모신 것이 아니고 모셔 달라고 애원한 것은 아닐까? 아니, 그렇다면 저렇게 즐겁게 스텝을 밟을 수 있을까? 아니다. 그건 아닌 것 같다. 크루즈 여행에 담긴 할머니의 추억이 서려 있는 듯도 하다. 아니면, 노인의 마지막 가시는 길을 위로하자는 것인가? 노인은 깡말라 뼈만 남아 있다. 곧 임종을 맞을 노인 같아 보였다.

넋을 잃고 모녀를 바라보면서 양로원에 계신 구순이 훨씬 넘으신 어머니에게로 생각은 달려갔다. 작년에 허리 수술로 거동이 불편하시여 워커(걸을 때 보조 기구로 사용되는 철재로 만든 것으로 네 기둥에 바퀴를 달아 놓은 것)를 양손으로 잡으시고 조심스럽게 한 발 한 발을 내어 딛는다. 마치 돌쟁이 어린 아이들의 첫 걸음마를 연상케 한다.

동생 집으로 모시고 와서 며칠을 함께 지냈다. 청력이 좋지 않으셔서 보청기를 사용하셨는데, 수술 후부터는 귀찮다고 하시면서 보청기를 귀에 끼지 않으셨다. 남의 말을 잘 들을 수가 없으니,

자녀들과의 대화도 끊어지게 되었다. 혹시 알고 싶어서 물으시는 것이 있으면, 어머니의 귀에 입술을 바싹대고 소리 질러 말을 한다. 그렇게 하여도 알아들으실 때가 있고, 전혀 딴소리로 받아들일 때가 있어 답답함을 금할 수가 없다. 어머니는 얼마나 답답하실까. 식사를 하시고 소파에 앉아서 주무시는 일이 하루의 일과다. 그래도 휠체어의 노인에 비하면 건강 하신 것이 아닌가. 식사도 잘 하시니 말이다. 왜 어머니를 모시고 여행할 생각을 하지 않았을까. 거동이 불편하시다는 이유로 딸들이 셋이나 함께 왔건만, 우리는 생각조차 하지 않았다. 나의 이기심에 대한 자책감과 회한이 검푸른 바다에 넘실거리는 파도처럼 흰 거품의 물살로 가슴속을 헤집고 달려든다.

테이블로 돌아온 후에도 나의 시선은 때때로 그들에게 꽂혔었다. 화려한 드레스를 입고 춤을 추는 여인들보다 바지에 티셔츠를 입고 휠체어를 밀며 스텝을 밟는 그 여인이 더욱 아름다웠다. 식사를 마치고 디너룸을 떠나면서 뭇 사람들이 춤추며 흥겨워하던 곳을 바라본다. 그곳에는 모녀의 눈물어린 휠체어와 스텝이 아직도 선율을 타고 있다.

해가 기울면서 카리브해의 저 수평선 끝은 붉은 카펫을 펼쳐 놓은 듯 물들어 가고 있다. 배는 흔들림 없이 항해를 계속하고 있다.

(2007. 2. 12)

마사이마라 공원에서

암사자에게 보낸 숫사자의 러브콜 모습이 마사이마라 초원과 함께 가슴에 영상으로 아름답게 남아 있다.

케냐의 국립공원, 마사이마라는 나이로비에서 자동차로 6시간을 달려서 가야 했다. 아스팔트길이 파여 있어, 운전기사들은 길 위에 자동차의 한쪽 바퀴를 올려놓고, 다른 쪽 바퀴는 갓길의 움푹 파인 진흙색 먼지 구덩이를 달리게 했다.

먼지가 차 창문을 폭탄 터진 듯 덮어버려 앞을 볼 수 없었으나 기사는 거리낌 없이 털커덩 거리는 차를 계속 몰았다. 국립공원 가까이 와서는 완전히 비포장도로이다. 포장한 아스팔트 도로가 여기 저기 떨어져 나가 움푹 파인 곳이 많아서 비포장도로로 들어오니 오히려 안심이 되었다.

마사이마라 노찌호텔 앞에 차를 세우고 관광객을 내리게 한 운전기사들도 긴 숨을 뿜어내면서, 두 손을 허공에 길게 뻗었다.

"아산테(Asante, 감사하다는 스와힐리어)"라고 기사에게 감사를 표하고 호텔로 들어가 짐을 푼 시간은 오후 1시가 다 되었다. 중식을 마친 후 '게임 드라이브 사파리'(차를 타고 동물을 구경하는 것)를 2시부터 시작하였다.

여섯 명이 한 차에 탔고, 차에 시동을 걸기 전에 기사는 차의 천장 부분을 힘껏 밀어 열어젖혔다. 출발부터 흥분이 된다.

기사들은 무전기로 동물들이 나타나 있는 곳을 서로 알리면서 초원을 달린다. 사파리 차에 타 있는 사람들은 모두가 다 서서 머리를 천장 밖으로 내어 놓고 동물들이 나타나기를 고대한다. "와! 저기!" 하고 소리를 지르면, 모든 사람들의 고개가 그쪽으로 돌아간다. 얼룩말 무리, 기린, 타조, 쵸피, 톰슨가젤, 코끼리, 누 떼들의 이동 등 「동물의 왕국」에서 본 야생 동물들이 유유히 또는 무리를 지어 이동한 것을 보며 환희에 젖었다.

마라 강을 향하여 달리던 중, 암사자 한 마리를 발견하였다. 초원에 누워 오후 휴식을 취하는 듯하였다. "와, 사자다!" 하는데 케냐인 기사는 차창으로 손을 내밀어 앞을 가리켰다. 내가 본 암사자는 좌측에 있고, 그가 가리킨 곳에는 차에서 200여 미터쯤 떨어진 곳에 숫사자가 갈기털을 세우고 암사자를 바라보고 있다. 순간 숨을 죽이고 암사자를 다시 바라보았다.

암사자는 몸을 일으키더니 어슬렁거리며 숫사자를 향하여 걸어간다. 암사자가 오는 것을 본 숫사자는 초원의 나무 그늘 아래에 넙적 엎드려서 앞발을 내밀어 뻗은 후 그 위에 머리를 놓고 암놈을 응시한다. 갈기는 내려 앉았다.

기사들끼리 무선 연락이 다되었는지 속속 차들이 모여든다. 관광객들은 카메라를 들이대며 그 장면을 놓칠세라 셔터를 눌러댄다.

암사자는 자기 새끼가 있으면 다 키워서 내쫓을 때까지 발정을 안 한다. 반면 숫사자는 자기 새끼를 먼저 내보낸 후 암사자와 관계를 맺는다.

만일 암사자의 새끼가 있다면 그 새끼를 먼저 죽인다. 그 후 숫사자는 암사자에게 다가간다. 새끼를 잃은 암사자는 며칠 후 그 일을 까맣게 잊기 때문이란다. 숫사자와 암사자는 교미기간이 7일이나 되며 그동안 먹이도 안 먹는다.

지금 보이는 숫사자가 러브콜을 하기 전에 어떤 일을 암사사에게 했는지는 아무도 모른다. 다만 암사자의 새끼들이 스스로 먹이를 구할 수 있기를 바랄 뿐이고, 내쫓긴 후 발정이 났기를 바라는 마음뿐이다.

얼마 후 암사자는 숫사자에게 다가왔고, 둘은 몸을 비비며 이리저리 뒤척이며 애정 표현에 들어갔다. 주위에 사파리 차들이 모여 있는 것에는 곁눈질도 안한다. 두 사자가 달콤한 사랑에 빠지기를 바라면서, 그들의 행각에 대한 호기심을 모두 접고 다시 마라 강으로 향했다.

누 떼들이 초원을 까맣게 누비며 뛰어 다닌다. 마라 강에 닿았을 때에 누 한 마리의 뼈를 보았다. 강에는 물이 많지 않았다. 지금쯤은 누 떼가 탄자니아로 갈 시기인데, 가뭄이 계속되어 그들은 가지 않고 케냐에 그냥 머물러 있다고 기사는 말한다. 또한 탄자니아 세렝게티 공원에서 사는 초식 동물들은 때가 되면 반드시 마라 강을 건너 케냐로 온다고 한다.

케냐와 탄자니아의 경계선에는 큰 돌이 하나 세워져 있다. 그 주위에 서너 마리의 기린들이 꿈적도 안하고 사람들을 평화롭게 바라보고 있다. 그들을 배경으로 사진을 찍어도 그 긴 목을 뽑은 채 움직일 생각을 하지 않는다.

큰 돌이 있는 곳을 지나 마라 강 상류 쪽으로 왔을 때에 강물이 하류보다는 많았다. 그 속에는 하마가 몸을 감추고 머리를 가끔 물 위로 내밀었다간 물속으로 사라진다. 아마 먹이를 찾는가 보다. 악어도 여기저기서 보인다.

누 떼와 얼룩말이 탄자니아에서 케냐 쪽으로 오면, 그 자리를 지키던 코끼리와 버펄로는 나이로비 쪽으로 자리를 옮긴다고 한다. 서로가 있어야 할 자리를 알아 양보하며 살아가는 그들에게서 질서를 배운다.

탄자니아에 가뭄이 빨리 해소되어, 케냐의 물기 없는 마사이마라에서 방황하며 떼 지어 다니는 누들이 마라 강을 건너 푸른 초원에서 그들 삶의 한 자락을 풍요롭게 펴기를 기대하여 본다.

암사자에게 보낸 숫사자의 러브콜 모습이 마사이마라 초원과 함께 가슴에 영상으로 아름답게 남아 있다.

(2008. 8. 21)

내가 만난 마사이족

소 우리에서 나는 분뇨 냄새가 코를 자극한다. 이글거리는 햇볕은 곧 그 분뇨를 마르게 하리라. 마사이족은 그것을 재활용하여 공해 없는 환경을 지키리라.

마사이마라를 빠져 나오다가 마사이족이 산다는 마을로 들어갔다. 이때 추장의 아들이라고 하며, 자신을 소개하는 마사이족의 젊은이를 만났다. 그의 주위에 20여 명이 순식간에 몰려 왔다.

그들은 전통 의상인 붉은 천을 몸에 두르고 가축을 모는 긴 막대기를 각자 하나씩 들고 나타났다. 귀를 뚫어서 길게 늘어트린 남자도 두 명 보였다. 뚫린 구멍에는 두 개의 손가락 굵기가 충분히 들어갈 수 있는 공간이다. 모두들 날씬한 장신이다. 귀에는 몇 개씩 귀걸이를 하고 목에는 야생 동물들의 이빨로 목걸이를 하여 걸었다. 추장 아들은 자신들의 생활을 유창한 영어로 말해 주었다.

소똥이 잔득 쌓인 꽤 큰 울타리 안을 가리키며 자신들이 키우는 소들을 이곳에 가둔다고 한다. 낮 시간인지라 한 마리 소도 그곳에는 없었다.

다음에 그는 옆에 움막처럼 지어져 있는 집을 가리키며, 자신의 집이라고 한다. 겉은 소똥을 이겨 붙여 말린 것이란다. 한집에 보통 3, 4세대가 산다.

주식은 가축의 피나 우유를 먹는다. 우유는 케냐에서 생산되는 홍차를 끓여서 거기에 우유를 섞어서 마신다.

우유를 섞은 홍차를 마사이 마라 공원 안에 있는 소파 노찌 호텔에서 마셨다. 맛이 꽤 있어서 케냐산 홍차를 사겠다는 친구도 있었다. 이 차를 하루에 두어 번 마시는 것으로 식사를 대신한다. 마사이족 사람들이 마른 체구를 가진 원인이 여기에 있는 듯하다.

일부다처제가 보통이며 같은 연령 집단에 속한 남자들끼리 아내를 빌려 주는 풍습도 있다. 추장 아들은 지금은 처가 한 명인데 앞으로 한 명을 더 얻을 거란다. 그래서 소 10마리를 빨리 준비하여야 한다고 했다. 아내를 데려오는 값이다.

그는 마사이족의 전통 춤을 추라고 주위를 둘러싼 이들에게 명령한다. 그들은 괴성을 지르며, 들고 있던 지팡이에 한쪽 발을 올려놓고 원을 그리며 돌아갔다. 껑충껑충 잘도 뛰었다. 막대기를 돌리며 묘기를 보여주는 사람도 있다. 동물이 나타날 때에 사냥하는 시늉인 듯하다. 그들이 뛰는 모습을 보면서 이번 북경 올림픽 육상에서 2명의 케냐인이 금메달을 딴 것이 당연하다는 생각이 들었다.

갑자기 어린 꼬마들이 대여섯 명 나타났다. 새까만 얼굴에 눈꼽과 콧물이 범벅인데 그 위에 파리들이 닥지닥지 붙어 있다. 파리를 날려 보낼 생각도 안한다. 우리에게 다가와서 손만 벌리고 서 있다. 들은 이야기로는 동물의 침략을 피하기 위하여 씻지 않는단다. 보기에는 씻을 물도 없어 보인다. 어린 아이들이 물통을 머리에 이고 물을 길러 어디론지 2, 3명씩 짝을 지어 걸어가는 모습이 자주 보인다.

꼬마들을 보자 추장 아들은 집안을 구경시켜 주겠다며 안으로 안내한다. 뚱뚱한 사람은 문으로 들어가기도 힘든 정도로 좁게 입구를 만들어 놓았다. 안으로 들어가자 가운데에 모닥불처럼 불이 피어 있었고, 양 옆으로 어린아이들이 누울만한 공간의 방이 2개 있고 안쪽으로 1개의 방이 있다.

방이라는 것이 두서너 쪽의 나무를 붙여서 돌 위에 얹혀 놓은 듯하다. 방문은 물론 없다. 공간만 세 개가 있을 뿐이다. 한곳은 할머니, 할아버지가 사용하고, 맞은편은 그와 아내의 방이며, 안쪽에 있는 것은 자기의 아이들 방이란다. 안에 전기도 없고 벽 쪽에 햇볕이 들어오게 조그마한 구멍을 한 군데에 뚫어 놓았다. 부엌이 어디냐고 하자, 모닥불처럼 피어 놓은 그곳을 가리킨다. 타고 있는 나뭇가지가 있어서 땅바닥이 좀 보였다.

“앗! 뭐야!” 소리를 지르지 않을 수 없다. 방이라고 보여준 그 밑에 암탉과 병아리 두 마리가 쪼그리고 있었고, 반대편에는 태어난 지 얼마 안 되어 보이는 강아지 세 마리가 엉켜 붙어 있는 것이다.

집안에는 아무런 가재도구가 없었고, 나뭇가지 2, 3개피가 불씨를 만들고 있다. 그 안에서 같이 살아가는 동물들은 평화로워 보인다. 잠에 푹 빠져 있는지 꼼작도 안한다. 끌어안아 주고 싶은 충동을 억제하며 고개를 숙이고 집 문을 빠져 나왔다.

밖에 나오니 소 우리에서 나는 분뇨 냄새가 코를 자극한다. 이글거리는 햇볕은 곧 그 분뇨를 마르게 하리라. 마사이족은 그것을 재활용하여 공해 없는 환경을 지키리라.

자연과 동물과 하나 되어 살아가는 마사이족의 삶이 지금 중병을 앓고 있는 지구를 구할 수 있는 방법이 아닐까 하는 생각을 해본다. (2008. 8. 21)

나이로비 리프트벨리에서

하나님은 미국의 선교사들이 뿌린 피와 땀을 기억하시고 축복하듯이 이젠 우리나라에도 두 손 들어 축복하고 계신 것을 알 수 있다.

케냐의 나이로비는 매연으로 숨을 쉴 수 없을 정도였다. 서울은 그에 비하면 살만한 곳이라는 것을 느끼면서, 나이로비에서 자동차로 40여분 걸려서 '바람 부는 언덕'이라는 의미를 가졌다는 리프트벨리로 향했다.

나이로비의 중심지를 벗어나니 숨쉬기가 나아진다. 길가에서 풀을 뜯는 양들, 당나귀, 소들을 심심치 않게 보았다. 아이들이 옥수수를 구어서 손에 두세 개씩 들고 있다가 지나가는 자동차가 멈추면, 쏜살같이 달려가서 차창 안으로 옥수수를 내미는 모습이 여기저기에서 보인다. 그 아이들은 다 맨발이다.

리프트벨리가 가까워지자 점점 높아지는 느낌을 받았다. 고지로 자동차는 힘겹게 부릉부릉 소리를 요란하게 내면서 기어 올라간다. 차창을 열자 시원한 바람이 쏟아져 들어온다. 산이라고 느껴지는 곳에서 선교사는 선교지를 향하여 운전자에게 방향을 가리킨다. 10여분 가까이 산길을 따라 갔을 때, 철문이 굳게 닫혀 있는 곳에 차는 멈추었다. 선교사는 차창 밖으로 얼굴을 내밀며 철문 안에 있는 케냐인에게 뭐라고 하더니, 그 검은 얼굴의 케냐인은 문을 철커덕 열어주며 "잠보"(스와힐리어로 Hello의 뜻)하며 흰 이를 보이며 웃었다.

리프트벨리 학교(Rift Valley Academy)는 1906년 아프리카 선교사들의 자녀 교육을 목적으로 세워졌다. 제2차 세계대전 후에 미국의 정규학교로 인가를 받아 지금에 이르고 있다.

현재 유치원에서 고등학교까지 490여 명의 학생이 있으며 대부분 북미, 아시아, 유럽, 아프리카 등 20여 개 국의 나라에서 온 학생들이 기숙사 생활을 하며 공부하고 있다. 학교 스탭은 미국, 캐나다, 영국 그리고 한국에서 온 선교사들이며 자비량으로 학교 교육과 방과 후 교육을 지도한다. 학교 교육에는 정규 교육도 있지만 제자 훈련 교육도 병행한다. 졸업을 하면 학생들은 각각 자기 나라로 혹은 다른 나라에 가서 대학을 다니고 더러는 선교사로 재 헌신하여 돌아온다.

한국 학생들은 80명이다. 이들을 위하여 P선교사 가족을 4년 전에 우리 교회는 파송했다. 이 학교를 졸업한 한국 학생이 선교사로 부모의 뒤를 이어 봉사한 사람은 아직 없지만. 앞으로는 있을 것으로 기대한다고 한다. 이 학교의 미국인 교장과 사모님을 만나 P선교사의 댁에서 베푼 오찬을 함께 하였다. 그들도 선교사의 자녀로 태어나서 이곳에서 공부하였고, 본국에서 공부를 마친 후 다시 돌아와 봉사하고 있다고 한다. 이곳에는 100년이 넘은 교회도 있으며, 병원과 신학교도 세워져 있다.

교회의 담임 목사도 만났다. 흑인 미국인으로 그는 퍽 인자한 모습이었으며, 케냐의 젊은이들이 예수를 알고, 공부에 힘써 그들의 삶이 변하되기를 위하여 프로그램을 만들고 있단다. 이를 위하여 기도해 달라고 부탁하였다. 준비하여 간 적은 선교비를 그에게 내어주자 손을 잡으며 동역자로 친구라며, 그 교회의 간판 앞에서 함께 사진 찍기를 청하였다.

P선교사와 그의 부인 L선교사는 한국 학생들을 지도하고 있으며, 그들의 교사 방을 들여다보니 우리나라에서 학생들에게 사용하고 있는 모든 교과서가 다 비치되어 있고, 전통 문화에 관한 것들도 수집하여 교재로 잘 활용하고 있었다. 그들의 두 아들도 이곳에서 교육을 받고 있다. 아프리카에 흩어져 있는 한국 선교사들이 자녀들을 이 학교에 맡기고 바람 부는 저 언덕을 울며 내려갈 때에 가장 가슴이 아프다고 그들은 말한다.

현재 세계 각국에 선교사를 자장 많이 파송하는 나라는 미국이며 그 다음으로 한국이다. 하나님은 미국의 선교사들이 뿌린 피와 땀을 기억하시고 축복하듯이 이젠 우리나라에도 두 손 들어 축복하고 계신 것을 알 수 있다. 저 검은 대륙, 아프리카 리프트벨리에서 눈물 뿌리며 자녀들을 떼어 놓고 선교지를 향하는 한국의 선교사를 포함한 모든 선교사들의 사역위에 하나님의 긍휼과 사랑이 넘쳐, 세계 복음화가 이루어지기를 간절히 기도하여 본다.

(2008. 8. 19)

유칼립투스

유칼립투스, 그 나무 향이 너무 좋아 숲길을 한없이 걸었다.

아침 산책을 하기 위하여 호숫가로 다시 나갔다. 태양은 이미 떠올라 동녘 하늘을 붉게 물들이고 있다. 나뭇잎 사이로 빠져 나온 햇살이 눈을 부시게 한다. 팜추리, 단풍나무, 장미넝쿨, 동백 등 수많은 나무와 꽃들이 호수 주변에 자리잡은 주택가에서 새로운 날을 맞이하고 있다.

잔디는 스프링클러에서 나온 물줄기로 인하여 촉촉이 젖어 있다. 호수 주변의 주택가를 지나서 큰길로 나와 20여분을 걸었을 때에 키가 매우 큰 나무들이 빽빽이 들어 찬 작은 언덕이 보인다. 길옆으로는 폭이 좁은 도랑에 물이 졸졸 흐르고 있다. 언덕을 향하여 올라가려는데 키 큰 나무들이 서있는 곳에 나무껍질들이 즐비하게 벗겨져 누워 있다. 그 껍질을 밟으며 걷는데 어디선가 좋은 향이 코를 찌르며 뇌를 자극한다. 한 번 심호흡을 하여 더욱 많이 그 향을 몸속으로 들여보냈다. 산책에서 이런 행운을 만나다니! 보이지 않는 하늘을 올려다보며 감사하며 다시 걷는다.

언덕에는 철길이 놓여 있다. 기차가 오면 위험하겠다는 생각이 들어 다시 아래로 내려왔다. 집이 여기저기 띄엄띄엄 있다. 마치 별장처럼 느껴진다. 그래서인지 개들이 인기척이 날 때마다 컹컹 우렁차게 짖어댄다. 나무향 때문에 숲을 한없이 걸었다. 집에 돌아오니 동생이 걱정이 되어서인지 집 앞 골목길에 나와서 있다.

키 큰 나무에 대하여 물어보니 이름이 유칼립투스라고 했다. 그 향이 너무 좋아서 흠뻑 젖어 있었다고 하였더니, 언니가 코알라가 된 느낌이라고 한다. 오스트레일리아에서는 코알라가 그 나무의 잎만 먹고 산다고 한다. 잎의 모양은 버드나무 잎보다 짧은 반달 모양으로 생겼다. 세계에서 가장 높이 자라는 나무로 유명하며 100미터 이상 자란다고 한다. 원산지는 호주, 뉴질랜드, 태즈메이니아와 이들 인접 지역의 섬들이란다.

종류도 많아서 500여종 이상이다. 캘리포니아에서는 주로 기찻길 주위에 심어 바람을 막는다고 한다. 아로아 오일은 추출한 Fruticetorum(훌우티스토룸)의 잎을 증류 추출하여 얻어지며 깔끔하고 시원한 느낌의 푸른색 오일이다. 이는 두뇌를 명쾌하게 하며 호흡기 질환, 기침, 해열 두통을 제거하는데 사용된다. 감기약으로 'Equaline'이라는 것을 복용하는데 바로 그것이다.

2007년 성탄절을 미국, California Lake Forest에서 보내면

서 유칼립투스는 많은 생각을 하게 한다. 나무가 자라면서 그 껍질을 벗어 던지며 내뿜는 향, 주위의 모든 악취를 자신의 냄새로 정화시키는 모습이 아름답다. 이것이 내가 노경에 이르러 하고픈 일이 아닌가 한다. (2007. 12. 30)

김형애의 수필세계

고급 체험의 서정적 고백

강석호
(문학평론가 · 한국수필문학가협회 회장)

1.

저자의 첫 수필집이다. 2006년 3월 월간 『수필문학』에 수필 「가지치기」가 2회 천료되어 등단한 씨는 등단한 지 2년 만에 수필집을 상재하게 되었다.

비교적 문단 경력이 짧아 작품의 미숙이 우려되었으나 그런 우려를 불식할 수 있는 좋은 작품들을 보여주고 있다.

이는 등단 이전에 영문학을 전공했고 교회에서 외국인 상대의 통역과 세계 미개척지 선교여행 등을 통하여 문학과 관련된 전이적 경험을 쌓아 왔으며 문학에 대한 열정과 노력 또한 대단하여 문예창작 강좌인 '목요반'에서 열심히 이론과 실제를 익히고 습작을 게을리 하지 않은 결과라 하겠다.

Ⅱ.

하나의 문장은 스토리(서사)와 수식(표현) 그리고 설명이 있으며 때로는 대화 등으로 이루어진다. 다시 말하면 서사, 수식, 설명, 대화를 문장의 4대 요소라고 하고 이를 적의 구사함으로써 그 문장의 성패는 결정된다고 볼 수 있다.

스토리는 산문에 있어서 없어서는 안 될 요소다. 특히 수필에 있어서 자기 체험의 고백을 필요로 하는데 오늘날 우리 수필은 지나치게 소재주의에 빠져 줄거리를 길게 늘어놓음으로써 문제성을 띠고 있다. 또한 자기 체험을 고백하되 누구나 쉬이 겪고 이미 잘 아는 값싼 체험을 그것도 형상화(구체화)시키지 못한 채 지나치게 자상하게 설명을 가함으로써 감동을 주지 못하고 있다.

또한 설명은 스토리의 구조나 연결고리로만 사용되어야 하는데 계속 길게 늘어놓음으로써 설명문 내지 훈시나 사설로 기울어 창작문장과는 거리가 멀게 된다.

묘사(수사, 표현)는 문장을 아름답게 꾸미는 요소다. 같은 소재의 줄거리라도 묘사를 어떻게 하느냐에 따라 그 문장의 미적 감각은 좌우된다.

혹자는 수필에 있어서 수식은 필요 없고 본 대로 들은 대로 느낀 대로 정직하게 써야 한다고들 하지만 문학이 표현의 예술이라면 묘사 또는 수식을 무시할 수 없다. 묘사라도 진부하고 상식화되어버린 묘사가 아닌 항상 새롭고 싱싱한 비유와 상징의 기술이 필요하다.

그리고 대화는 소설이나 희곡에 많이 쓰이지만 수필에서는 양념처럼 써야 한다. 문장의 입체화나 다이내믹함을 위해서는 적당한 대화가 있어야 하는데 우리 수필에는 그것이 부족하다. 대화를 구사한다기보다 대화를 문장에 삽입하는 정도로 그치고 있다.

김형애의 글에 있어 두드러진 장점은 그의 체험(서사)이 남달리 진귀하고 개척적이며 싱싱하여 호기심을 끄는 데 있다.

예를 들면 「취미」에서 그는 전문가적 수준의 볼링 운동을 다루고 있고 「작별」 「야만」 「그랜드케이만」「휠체어를 타고 춤을」 등에서는 크루즈 여행을 통해 어머니와의 마지막 작별 여행을 하는가 하면 정박하는 항구마다의 낭만과 추억을 그리고 있고, 「옹고집의 나들이」에서는 흔히들 여성작가들은 아예 작중에 언급을 않거나 미화 일변도의 남편 이야기를 늘어놓는데 저자는 흉보기로 역설적 기법을 통해 코믹하게 애정을 표현한 것, 등이 그것이다. 그리고 「생명을 맡긴 그날」은 자신의 생사를 좌우하는 수술, 「남의 삶을 도적질한 사람」에서는 아들의 여권 사기로 인한 중요한 취업의 실패, 「코리안 드림을 접게 된 이방인」에는 밀입국자들의 피납과 본국 송환에 따른 슬픔과 도움, 「로즈 힐즈 메모리얼 파크」에서는 외국에서 치른 어머니의 장례 등 대체적으로 진귀하고 이색적인 체험으로 호기심을 끄는 고급 체험을 고백하고 있다. 누구나 쉬이 겪는 경험이 아닌 생사의 가름길과 고뇌의 심도가 강한 체험이라는 데 특징이 있다.

그는 여행기를 많이 썼다. 오늘날 많은 작가들이 해외여행기를 앞다투어 쓰고 있지만 남들이 이미 영양가를 뽑아낸 재탕 삼탕, 그것도 팸플릿이나 안내문 인용의 설명 위주의 글이 많은데 이 작가는 그런 경지를 벗어난 새로운 경지의 체험들을 보여주고 있다. 그만큼 저자의 행동 반경이 넓고 남다르다는 것을 말해주고 있다.

우리 수필은 그런 진지한 체험, 생명을 거는 고통, 혼을 다하고 생애를 거는 체험에 의한 서사가 필요한 것이다.

둘째 그는 묘사에 뛰어난 역량을 보여주고 있다. 특히 도입부의 수식과 결말의 비유가 명문이다. 문장에 있어서 구성을 무시할 수 없다. 수필은 일반 논문과 같이 서론, 본론, 결론의 3단계의 구성으로 그 논리성과 개연성을 전개하는가 하면 때로는 기승전결의 4단계 구성으로 전(轉)이라는 반전의 기법을 더하여 4단계를 구사하는데 서두와 결말의 성패는 문장 성패를 좌우한다.

그런데 여기서 저자는 그 중요한 서두를 서정적으로 묘사하고 결말에서 반전의 기법을 씀으로써 문장의 정감을 돋우고 있다.

화단 한쪽에 심어 놓는 소국이 올해에도 살포시 웃음을 머금고 가을바람을 맞이하고 있다. 뜨거운 여름날이 지나고 소슬바람이 불어, 이슬이 내리는 때에 꽃봉오리가 터지면서 피기 시작한다. 고운 얼굴에 땀방울이 흐르는 것을 싫어해서인지 모르겠다. 온갖 꽃들이 정원에서 자태를 뽐내고 있을 때 소국은 다소곳이 잎만을 키우고 있었다.

-「소국」에서

세 갈래의 큰 줄기를 뻗어 올린 실버들 나무 아래 비좁은 공간에서 민들레는 노란 꽃잎을 나풀거리고 있다. 실버들 나뭇가지들은 세팅한 여인들의 긴 머리카락처럼 땅을 향하여 늘어져 있고, 연녹색 잎들은 해풍의 입맞춤에 작은 속삭임으로 응하고 있다.

길섶이나 보도블록 틈 사이 어디서나 볼 수 있는 흔한 것이 민들레 아닌가. 헌데 지금 보고 있는 이 민들레는 흔한 그것이 아니다. 귀한 그릇에 담겨 있는 보물이다. 뿌리 내린 곳이 땅바닥이 아닌, 나무 틈바구니로 선택하였기 때문이다.

-「선택」에서

위에서 보는 바와 같이 그의 서두는 대개가 계절과 관계되는 화초나

나무나 날씨 등에 대한 필링으로 시작된다. 생기롭고 수려한 언어들이 시적 서정을 돋우고 계속 읽고 싶은 매력을 불러일으킨다.

「안개비」에서는 비를 맞고 있는, 아직 떨어지지 않고 가지에 매달려 있는 잎들은 마치 가야 할 시기에 무슨 미련 때문에 가지 못하고 세상 줄에 매달려 불쌍스러운 모습을 보이고 있는 인간을 비유하고 있다.

그 외 「고사목에 앉은 까치」에서는 첫사랑을 만난 비유, 「자갈밭에 핀 국화」에서는 위기에 처한 우리나라 경제를 찬서리에도 꺾이지 않는 국화에 비한 것, 「속옷」에서는 요즘 우리 사회의 외형적 사치 풍조의 비유가 시선을 끈다.

그 외 그의 수필의 특징으로는 「가족여행」「큰딸과의 한나절」 등 가족간의 나들이를 통해 애정 어린 가정적 잔잔한 이야기 그리고 정원의 화초를 비롯 앵두나무 꽃, 산새, 소국, 붉은 카네이션, 싸리나무 단풍, 달맞이꽃, 철쭉 등 자연에 대한 사랑과 관심이 지극하다. 가랑비, 안개, 불꽃 등 자연의 변화를 사실적으로 실감나게 잘 그리고 있다.

그 외 전체적으로 잘 짜였고 지성적 사고의 미를 돋우는 작품으로는 「틈」을 들 수 있다. '틈'은 실수나 허술함이다. 인생이 살아가면서 빈틈없는 삶을 추구하지만 틈없는 삶은 숨이 막힌다. 저자는 우선 자신의 틈을 고백한다. 남편에 대한 허술함, 친구에게 대한 무신경, 또 반대로 빈틈없는 친구의 이야기 등을 들고 틈은 우리 생활의 불가피한 실수임을 고백한다. 더욱이 남편과 비새는 지붕을 고친 서사는 수필이 되게 하는 진솔한 고백이다.

수필은 자기 실수와 부족함의 미학이라고 한다. 자기 자랑이나 뽐냄보다 연약함과 실수에 매력과 동정을 보내는 것은 인지상정이다.

오늘 아침도 여전히 집안 일거리를 약간은 남겨둔 채 외출을 서두른다. 틈은 여유가 아닐까 한다. 한숨 돌릴 수 있는 여유 말이다. 그 이유만으로도 나는 틈 있는 사람들을 좋아한다. 예의를 다 갖추지 않아도, 약속 시간에 좀 늦어도 미소로 반기는 이들. 바쁜 발걸음에도 곁눈질하여 기쁨을 얻을 수 있는 이들이 좋다. 그들의 마음 가운데 넉넉한 여유로움이 작은 행복을 주기 때문이다.

-「틈」에서

다음은 「선택」을 들 수 있다. 웬만한 사람이면 가본 경험이 있는 천리포수목원 조성을 위한 그 창설자의 선택을 예찬한 글이다. 미국인 칼 페리스 밀러 박사는 1945년 연합군 종군중위로 한국에 와서 62년에 2천 평의 땅을 사서 70년에 수목원을 창설하여 오늘날 세계적 수목원으로 만들었다.

살기 좋은 고향, 정든 고향을 떠나 척박한 땅에 와서 독신으로 그 위업을 이룬 당사자의 삶은 위대하고 그것은 그의 선택에 의해 이루어졌음을 진지하고 정감 있게 썼다. 창설자가 생전에 읽었으면 용기가 백배나 오를 전기적 명문이다.

그 외 4부에서 보는 바와 같이 밀입국자들에 대한 전도와 그들에 대한 지원, 필리핀 등지의 선교여행 등은 그의 종교와 관련된 행사나 여행 보고서로 그 삶의 특색이면서 종교적 소신의 표현으로 은근하면서도 깊은 신앙심을 엿볼 수 있다.

Ⅲ.

이상은 그의 작품의 장점을 주로 거론했는데 아무리 출중한 작가라도 아쉬운 점이 없을 수 없다.

첫째는 문장의 질서 문제이다. 문어체에서는 당연하지만 구어체에서도 단어 조립의 순서는 의사소통과 어법에 맞아야 한다. 주어와 술어, 목적어와 조사가 서로 맞게 조립되어야 한다. 일부러 도치법이나 두괄법을 구사하여 문장의 재미를 돋우기도 하지만 그런 문장일수록 고도한 기술이 필요하다.

그리고 이야기를 전개함에 있어 간결성은 수필의 생명이다. 저자의 글 중에는 유려하게 잘 나가는 문장이 있는가 하면, 더러는 정선되지 않은 문장이 보인다.

다음으로 저자의 글에는 철학적 깊은 사고와 지성적 정보를 보완해야 할 글들이 더러 있다. 우리 인간이 추구하는 가치관인 眞善美에 있어 眞은 철학, 善은 종교, 美는 예술에서 구현된다면 저자의 경우 善과 美는 추구되고 있으나 眞에 있어 그 깊이가 아쉬움을 자아낸다.

수필은 알베르의 정의대로 지성을 기반으로 한 정서적 신비의 이미지를 항상 염두에 두어야 한다.

등단 2년 만에 이만한 성공적 작품집을 낸다는 것은 어려운 일이다. 그만큼 저자의 문학에 대한 열정과 노력이 크다는 것을 실감할 수 있다.

수필문학사 수필선집•313

내 마음의 페치카에서

2009년 2월 15일 초판 인쇄
2009년 2월 20일 초판 발행

지은이 / 김형애
발행인 / 강석호

발행처 / 도서출판 교음사
편집 / 隨筆文學社 出版部

110-775 서울 종로구 경운동 88 수운회관 1308호
Tel (02) 737-7081, 739-7879(Fax)
e-mail goessay@kornet.net

등록 / 제300-2007-52호

* 잘못된 책은 교환해 드립니다. 값 10,000원

ISBN 978-89-7814-501-5 03810